Martina Knipp

Lapbooks im DaZ-Unterricht

Praktische Hinweise und Gestaltungsvorlagen für Klappbücher zu zentralen Lehrplanthemen

PERSEN

Die Autorin

Martina Knipp unterrichtet seit 1990 die Fächer Deutsch, Deutsch als Zweitsprache und Deutsch als Fremdsprache sowie Religion und Kunst in Hessen. Seit 2016 ist sie vorrangig in der Lehreraus- und -fortbildung tätig.

Gedruckt auf umweltbewusst gefertigtem, chlorfrei gebleichtem und alterungsbeständigem Papier.

1. Auflage 2019

Covergrafik: Barbara Gerth
Grafik: Satzpunkt Ursula Ewert GmbH, Bayreuth (Illustrationen und Bastelvorlagen), Seite 8: Umriss Syrien_stringerphoto_stock.adobe.com; Umriss Irak_stringerphoto_stock.adobe.com; Seite 9: Umriss Eritrea_ elenvd_stock.adobe.com; Umriss Afghanistan_parkheta_stock.adobe.com; Umriss Pakistan_parkheta_stock.adobe.com; Seite 11: Weltkarte_Andreas Haertle-Fotolia.com; Seite 48: Deutschlandkarte_Tanja Bagusat_stock.adobe.com
Satz: Satzpunkt Ursula Ewert GmbH, Bayreuth

ISBN: 978-3-403-20296-7

www.persen.de

Digitales Zusatzmaterial: Blankofaltvorlagen

Was ist ein Lapbook?

Ein Lapbook ist ein aus Papier gestaltetes Klappbuch oder Klappplakat zum Präsentieren von Lerninhalten. Beim Aufklappen des Plakates werden die Lerninhalte sichtbar, die durch unterschiedliche Elemente, z.B. Bilder, Drehscheiben, kleine Taschen usw. ansprechend gestaltet sind. Die verschiedenen Elemente werden in das Lapbook geklebt oder geheftet. Die individuelle Ausgestaltung der Faltkörper bietet den Schülern[1] die Möglichkeit, sich kreativ und selbstständig mit den behandelten Inhalten auseinanderzusetzen. Aus der Arbeit mit den Lapbooks resultiert immer ein eigenes, selbst hergestelltes Produkt, sodass es keine allgemeingültige Lösung gibt.

Zielsetzung

Die Schüler
- setzen sich intensiv mit dem aktuellen Thema auseinander,
- verschaffen sich selbstständig Informationen,
- arbeiten individuell,
- dokumentieren und präsentieren ihre Ergebnisse,
- lernen und wiederholen Inhalte (z. B. für eine Klassenarbeit).

Material

Zur Herstellung von Lapbooks sollten folgende Materialien zur Verfügung stehen:
- mindestens DIN-A3-Plakate (Tonkarton),
- Faltvorlagen (ggf. auf farbigem Papier),
- Musterklammern,
- Scheren,
- Kleber,
- verschiedene Stifte.

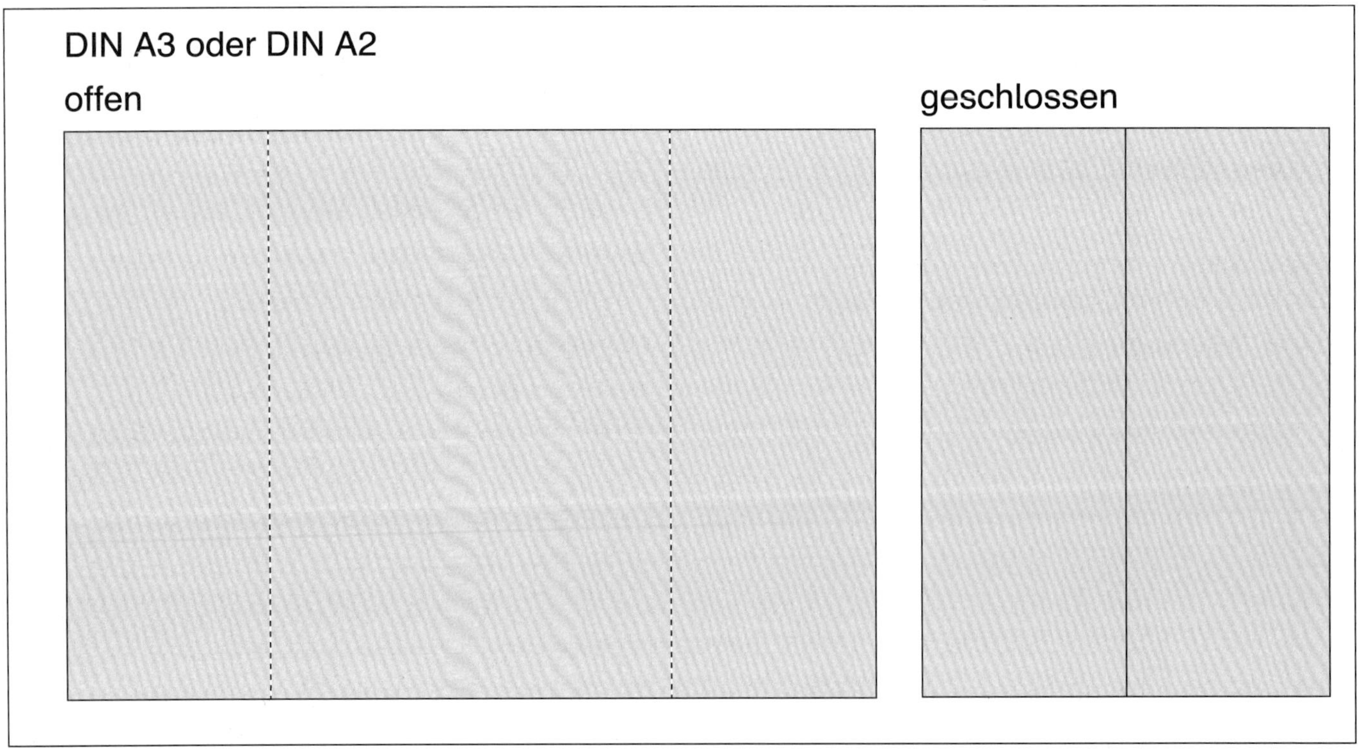

[1] Wir sprechen hier wegen der besseren Lesbarkeit von Schülern bzw. Lehrern in der verallgemeinernden Form. Selbstverständlich sind auch alle Schülerinnen und Lehrerinnen gemeint.

Einsatz im Unterricht

Das Plakat kann folgendermaßen zu einem Lapbook gefaltet werden. Die Seiten des quer gelegten Plakates werden zur Mitte gefaltet, sodass ein aufklappbares „Buch" entsteht. Nach oben und unten kann diese Grundform bei Bedarf erweitert werden. Das fertige Lapbook sowie ggf. das Deckblatt füllen die Schüler mit den verschiedenen Gestaltungselementen zum jeweiligen Thema. Die dabei verwendeten Kopiervorlagen sollten von den Schülern farbig gestaltet werden.

Den Schülern wird die Möglichkeit geboten, sich auf eine kreative Art und Weise mit dem aktuellen Unterrichtsthema auseinanderzusetzen und wichtige Aspekte zusammenzufassen. Vor Beginn der Arbeit müssen die inhaltlichen Schwerpunkte festgelegt werden. Die Gestaltung von Lapbooks fördert Kompetenzen wie Selbstständigkeit, Kreativität, Kommunikation und stärkt die Fachkompetenz in den jeweiligen Lerninhalten.

Ein Lapbook kann in verschiedenen Sozialformen wie Einzelarbeit, Partnerarbeit oder Gruppenarbeit erstellt werden. Auch leistungsschwächere Schüler bekommen so die Möglichkeit, ihre Stärken einzubringen.

Je nach Leistungsstand und der zur Verfügung stehenden Bearbeitungszeit können den Schülern inhaltlich differenzierte Arbeitsaufträge und Faltvorlagen angeboten werden. Entsprechende Materialien und Angebote dazu finden Sie in den einzelnen Kapiteln. Werden den Schülern alle Faltvorlagen zum Basteln zur Verfügung gestellt, haben sie mehr Möglichkeiten, eigene Ideen einzubringen. Die in diesem Band angebotenen Faltvorlagen sind als Beispiele für eine mögliche Gestaltung anzusehen und können bei Bedarf erweitert oder verändert werden. Eine Zusammenstellung verschiedener Faltvorlagen finden Sie im Zusatzmaterial.

In der Einführungsphase ist es auch möglich, der Lerngruppe ein fertig gebasteltes Lapbook als Vorlage zur Verfügung zu stellen, um den Entstehungsprozess zu vereinfachen und das Endergebnis bzw. das Prinzip des Lapbooks zu visualisieren.
Das Heft bietet Ihren Schülern die Möglichkeit, sich gegenseitig vorzustellen, von ihrem Leben zu erzählen und mit anderen Jugendlichen über Wünsche und Träume zu sprechen.

Um dem wachsenden Multikulturalismus und der Sprachenvielfalt in Klassen begegnen zu können, sind die Themenkomplexe eng an den Rahmenlehrplänen zu *Deutsch als Zweitsprache* orientiert.

Sprache ist identitätsstiftend. Gleiches gilt für in Familien gelebte Tradition oder auch Alltagshandeln. So werden in diesem Heft Möglichkeiten gegeben, sich gegenseitig von der individuellen Identität zu berichten und sich mit Veränderungen auseinanderzusetzen.

Die einzelnen Lapbook-Ideen können sowohl als geschlossene Einheiten umgesetzt als auch durch Austauschungen, Weglassungen, Abänderungen frei gestaltet werden, z. B. können einzelne Ideen einfach durch Ihre eigenen oder andere Vorschläge aus dem Heft ersetzt werden (der Briefe auf Seite 61f. aus dem Lapbook 5 kann selbstverständlich auch in Lapbook 1 integriert werden usw.). Dies ist individuell auf den Sprachlernstand und in jedem Fall auch auf die Erlebnisse der Schüler auszurichten. Grundsätzlich sollte es vermieden werden, traumatische Ereignisse zu thematisieren. So ist die Weltkarte (Seite 10f.), auf die der Weg und die Fortbewegungsmittel der Schüler nach Deutschland eingetragen werden sollen, nur zu nutzen, wenn die Schüler bereit sind, darüber zu sprechen. Ist dem nicht so, sollten auf der Karte nur das Heimatland und Deutschland ausgemalt werden, um eine Vorstellung für die Entfernung zu bekommen, die abschließend recherchiert wird.

Neben den inhaltlichen Angeboten, die den Wortschatz und die Ausdrucksweise der Schüler in bestimmten Themenfeldern erweitern und verbessern sollen, dienen natürlich auch die Arbeitsanweisungen der Leseförderung und der Förderung der Sprachkompetenz: Schüler können Schülern vorlesen und gemeinsam diskutieren, wie sie eine Arbeitsanweisung umsetzen können und/oder möchten.

Lapbooks bieten grundsätzlich eine gute Möglichkeit zur Differenzierung, da jeder Schüler eigenständig und nach eigenen Vorstellungen, kompetenzorientiert lernen und arbeiten kann. Auch die konkreten Inhalte kann er selbst bestimmen. Mitunter wird es sinnvoll sein, einzelne Aufträge bereits als Hausaufgabe vorbereiten zu lassen, etwa wenn es um Traditionen aus den Herkunftsländern, Schriften oder Übersetzungen geht. Es bietet sich häufig an, die Lernenden in heterogenen Partner- oder Kleingruppen zusammenarbeiten zu lassen, um Inhalte vorab zu klären und zu verstehen. Wortmaterial ist zu allen wichtigen Bereichen vorhanden oder wird durch die Schüler in Form kurzer Wörterbücher (Seite 13) selbst generiert.

Leistungsüberprüfung

Es ist wichtig, mit den Schülern vorab zu vereinbaren, ob und wie die Gestaltung der Lapbooks bewertet wird.

Die Arbeit vorbereiten – das Deckblatt gestalten

Nimm ein großes Plakat und falte es wie im Beispiel.

Gestalte nun das Deckblatt.
Nutze dazu die Vorlagen.

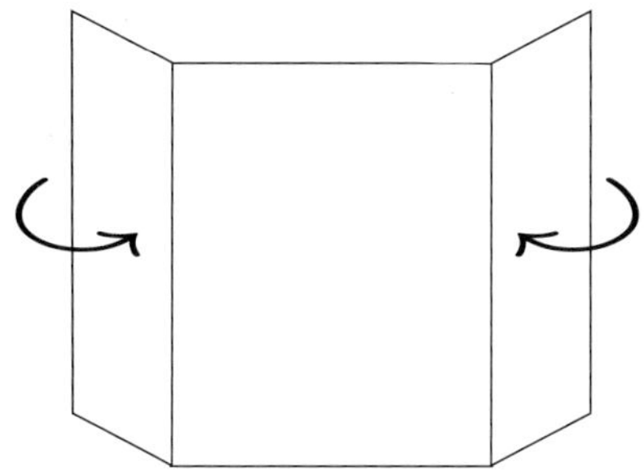

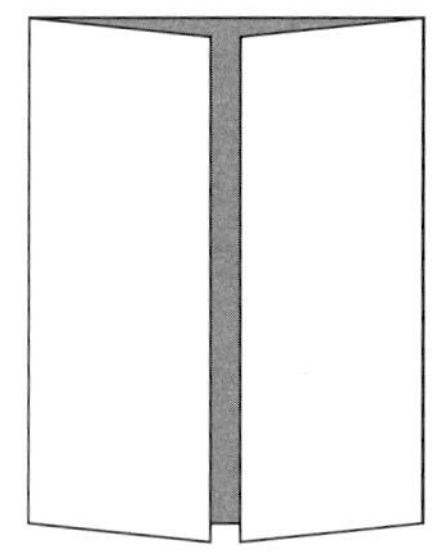

Schreibe die graue Schrift nach.
Schreibe auf die Linie darunter deinen Namen.
Kennst du noch eine andere Schrift?
Dann schreibe deinen Namen auch in dieser Schrift auf.
Schneide die Vorlage aus. Klebe sie links oben auf das Deckblatt.

Dieses Lapbook gehört

____

____

Schreibe die graue Schrift nach.
Schreibe den Namen deines Heimatlandes auf die Linie darunter.
Kennst du noch eine andere Schrift?
Dann schreibe den Namen auch in dieser Schrift auf.
Schneide die Vorlage aus. Klebe sie rechts unten auf das Deckblatt.

Ich komme aus

____

____

Du kannst das Deckblatt auch gerne noch etwas bemalen oder mit Fotos bekleben, z. B. mit Fotos aus deiner Heimat und aus Deutschland.

Mein Heimatland

Wähle die Vorlage mit dem Umriss deines Heimatlandes aus.

Neben dem Umriss ist die Flagge deines Heimatlandes.

Male sie richtig aus.

Schneide die Vorlage aus. Knicke an der Linie ⤷.

Klebe sie in dein Lapbook.

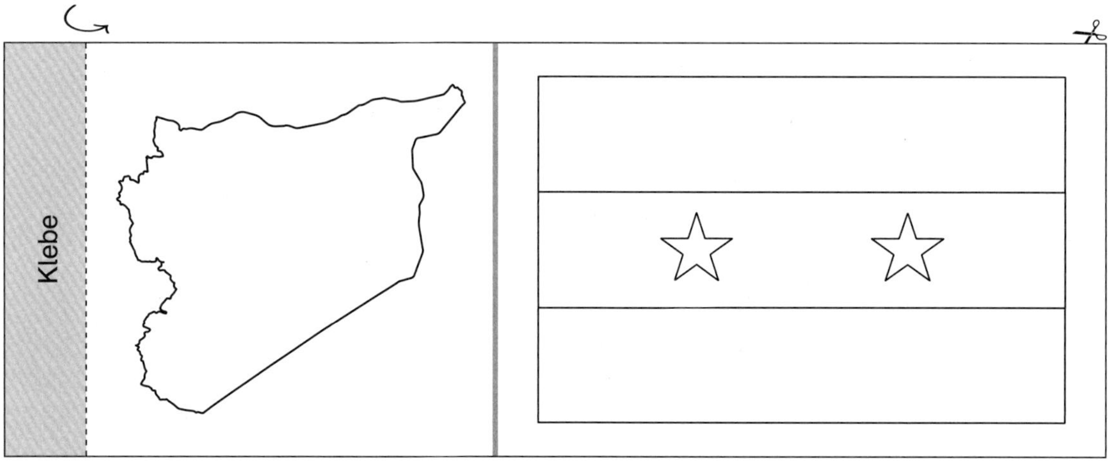

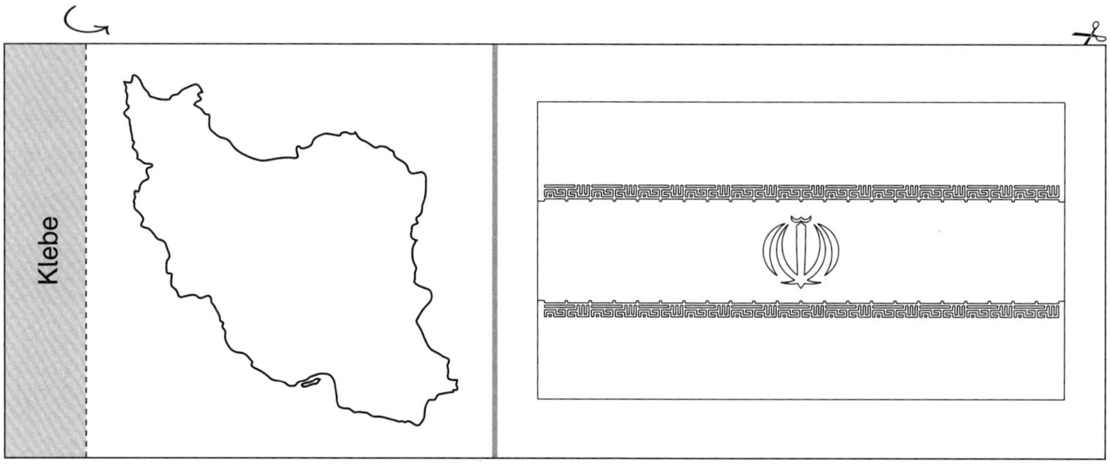

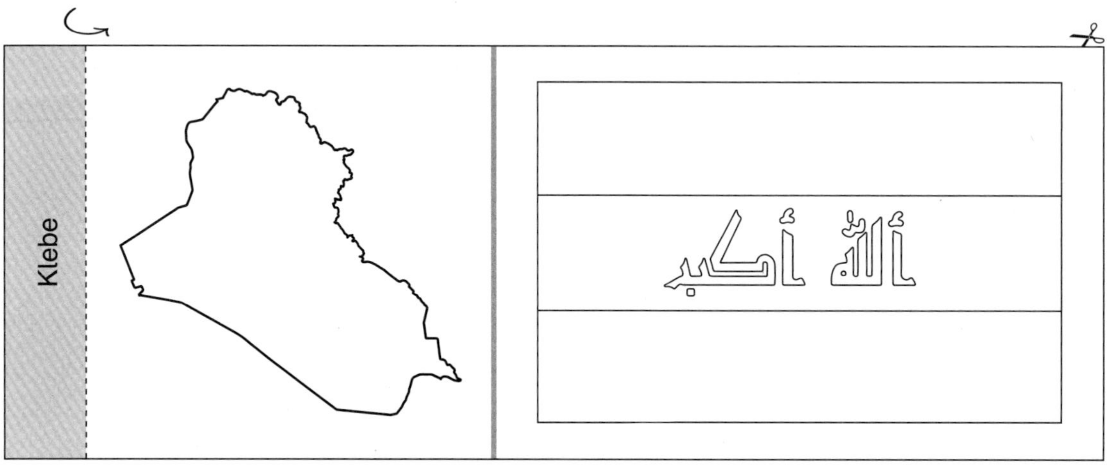

Klebe

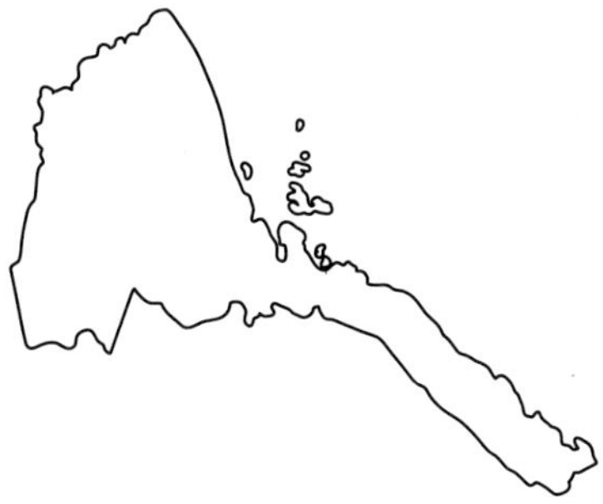

Klebe

Klebe

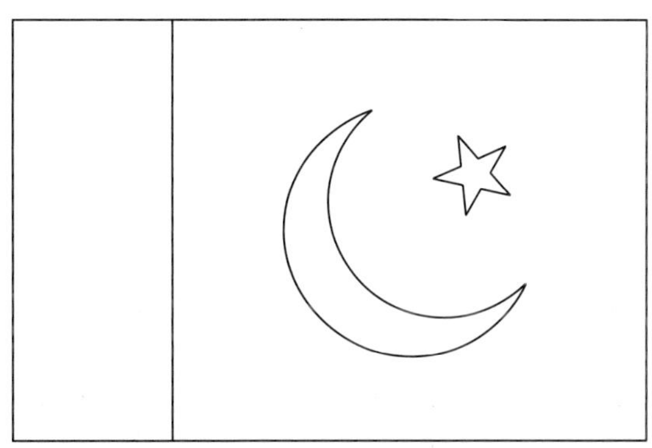

Klebe

Nutzen Sie diese Vorlage, um entsprechend der Heimatländer Ihrer Schüler eigene Vorlagen zu gestalten.

Mein Weg nach Deutschland

Suche dein Heimatland auf der Karte. Male es aus.

Suche Deutschland auf der Karte.
Male es in einer anderen Farbe aus.

Schneide die Karte aus und klebe sie in dein Lapbook.

Wie bist du nach Deutschland gekommen?
Mit dem Flugzeug, mit dem Auto, mit dem Schiff, mit dem Bus, zu Fuß …?
Durch welche Länder bist du dabei gekommen? Finde heraus, wie viele Kilometer zwischen deinem Heimatland und Deutschland liegen.

Wenn du möchtest, kannst du den Weg auf der Karte einzeichnen.

Schreibe einen kurzen Text darüber.

Die **Sätze** und **Wörter** helfen dir.

Klebe den Text neben die Karte.

Sätze	**Wörter**
Ich bin gelaufen. Ich bin geflogen. Ich bin mit dem Auto gefahren. Ich bin mit dem Bus gefahren. Ich bin mit dem Schiff über das Meer gekommen. Ich bin durch ________ gelaufen. Ich bin durch ________ gefahren. Ich bin durch ________ mit dem Auto gefahren. Ich bin durch ________ mit dem Bus gefahren. Durch ________ bin ich gelaufen. Durch ________ bin ich gefahren. Durch ________ bin ich mit dem Auto gefahren. Durch ________ bin ich mit dem Bus gefahren. Von ________ nach ________ bin ich geflogen. Von ________ nach Deutschland sind es ________ Kilometer.	Länder: Afghanistan, Bulgarien, Griechenland, Irak, Iran, Italien, Libanon, Libyen, Österreich, Rumänien, Spanien, Syrien, Türkei, Ungarn, Weißrussland Fortbewegung: laufen, fliegen, fahren Auto / Bus / Fahrrad / Schiff fahren Entfernung: 1 Kilometer = 1 000 Meter

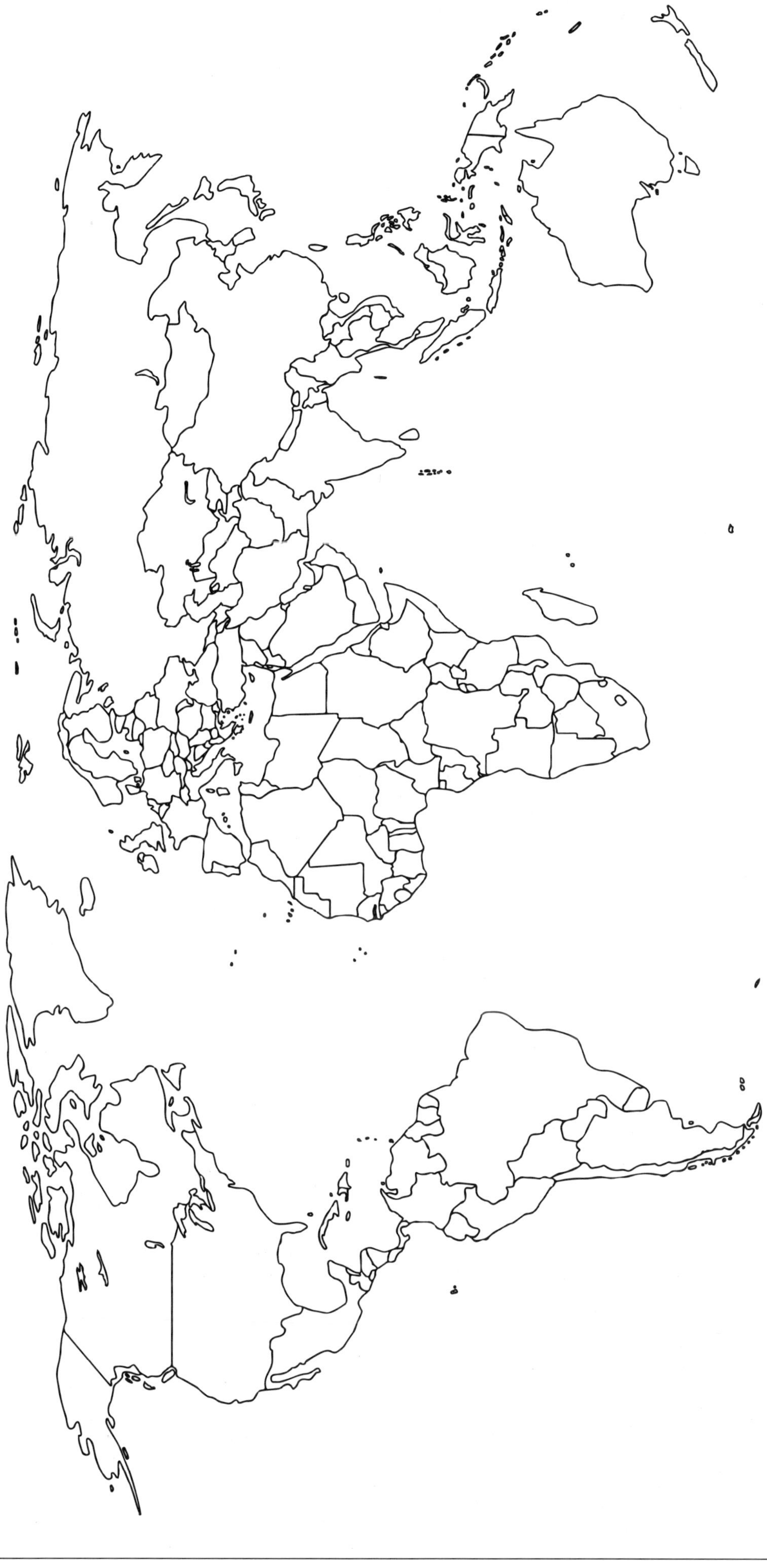

Sprachen, die ich spreche

Nimm ein Foto von dir und klebe es in dein Lapbook. Oder:
Male die Figur aus, die zu dir passt.
Schneide sie aus und klebe sie in dein Lapbook.
Wie viele Sprachen sprichst du? Schneide entsprechend viele Sprechblasen aus. Du darfst auch Sprachen dazu zählen, in denen du nur ein paar Worte kennst.
Schreibe in die Sprechblasen die Sprachen, die du sprichst.
Klebe die Sprechblasen um dein Foto oder deine Figur herum.

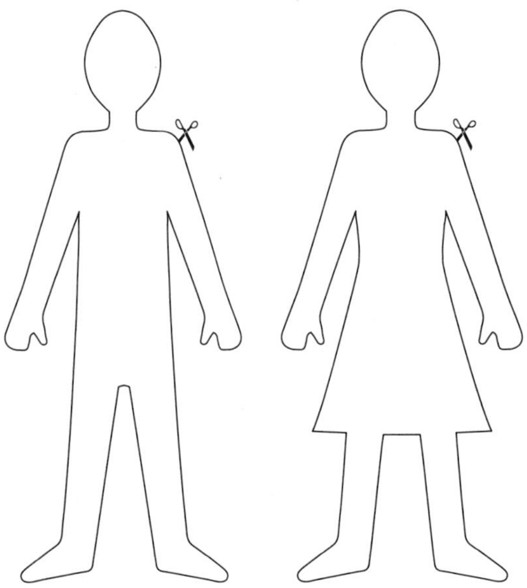

Schreibe einen kurzen Text zu deinen Sprachen. Fülle dazu die Vorlage aus.
Schneide sie aus. Falte sie an den Linien und klebe sie in dein Lapbook.

Klebe
Meine Muttersprache ist ______________________.
In meiner Familie sprechen wir ________________.
In der Schule spreche ich ___________________.
In der Schule lerne ich _____________________.
Ich spreche gut ___________________________.
Ich spreche ein bisschen ____________________.
Mit meinen Freunden spreche ich ______________.
Am liebsten spreche ich _____________________.

Sprachen
Afar Albanisch Arabisch Bedscha Blin Bosnisch Bulgarisch Dari / Farsi Englisch Französisch Kunama Kurdisch Nara de jure Persisch Romanes Türkisch Saho Serbisch Somali Tigrinya Tigre Urdu

Mein kleines Lexikon

Schneide die Vorlagen aus.

Schreibe auf die Zettel Begriffe aus dem **Wortkasten** unten.

Übersetze sie in deine Muttersprache.

Schreibe zum Beispiel so: *Bitte = teşekkür ederim*

Klebe die Zettel an der Kante ⬇ zusammen. Ein Buch entsteht.

Klebe das Buch in dein Lapbook.

Klebe

Fragen / Bitten / Danken

Klebe

Begrüßungen / Anreden

Mein kleines Lexikon

Wortkasten Fragen / Bitten / Danken		Wortkasten Begrüßungen und Anreden
Bitte Danke Gerne Entschuldigung! Möchten Sie sich setzen? Kann ich Ihnen helfen? Ich freue mich, ... Schön, dass Sie ... Ich wünsche Ihnen ...	Danke für ... Könnten Sie bitte ... Es wäre nett, wenn ... Ist es möglich, ... Entschuldigung, ich habe ... Ich hätte gerne noch ... Könnten Sie so freundlich sein ... Darf ich ...	Guten Morgen! Guten Tag! Guten Abend! Hallo! Auf Wiedersehen! Tschüss! Bis bald.

Mein Interview-Steckbrief

Arbeitet zu zweit. Jeder von euch schneidet die Vorlage für sich aus.

Klebe ein Foto von dir darauf.

Tauscht eure Steckbriefe aus. Führt ein Interview: Stellt euch gegenseitig die Fragen.

Antwortet auf die Fragen mithilfe der **Sätze**.

Schreibt die Antwort eures Partners in den Steckbrief.

Tauscht eure Steckbriefe zurück, wenn ihr fertig seid. Klebt sie in eure Lapbooks.

Steckbrief

Foto

Wie ist dein Name?

____

Wann wurdest du geboren?
Wo wurdest du geboren?

____

Hast du Geschwister? Wie sind ihre Namen?

____

____

Mit wie vielen Jahren bist du nach Deutschland gekommen?

____

Bist du in den Kindergarten gegangen?

____

Wo gehst du zur Schule? Wie heißt deine Schule?

____

Was ist deine Lieblingsfarbe?

____

Was ist dein Lieblingsessen?

____

Wie heißt dein Lieblingsstar?

____

Was ist dein Lieblingstier?

____

Wohin möchtest du einmal reisen?

____

Sätze

Mein Name ist … .

Ich wurde am … in … geboren.

Ich habe … Geschwister. Ihre Namen sind … .

Ich bin mit … Jahren nach Deutschland gekommen.

Ich bin … Jahre lang in den Kindergarten gegangen.

Ich gehe in … zur Schule. Meine Schule heißt … .

Meine Lieblingsfarbe ist … .

Mein Lieblingsessen ist … .

Mein Lieblingsstar heißt … .

Mein Lieblingstier ist … .

Ich möchte einmal nach … reisen.

Mein Leben in Deutschland: Was ist neu und was bleibt?

Was hat sich für dich geändert, seitdem du in Deutschland bist?
Hast du Dinge erlebt/gesehen, die du zuvor noch nicht kanntest?
Was ist genauso wie in deiner Heimat?

Sieh dir die Bilder an. Lies die Fragen und beantworte sie.

Wähle mindestens vier Bilder aus. Schneide sie aus. Male die Vorderseite aus.

Knicke sie in der Mitte ↩. Schreibe ins Innere, deine Antwort.

Klebe die Bilder in dein Lapbook.

Wie war das Wetter in deiner Heimat? Sonnig, regnerisch, warm, kalt?
Hast du zuvor schon mal Schnee gesehen?

Klebe

Klebe

Klebe

Was isst man in deiner Heimat?
Was hast du in Deutschland zum ersten Mal gegessen?
Fahren in deiner Heimat oder in Deutschland mehr Autos?
Welche Tiere gibt es in deiner Heimat, die es in Deutschland nicht gibt?

Klebe

Klebe

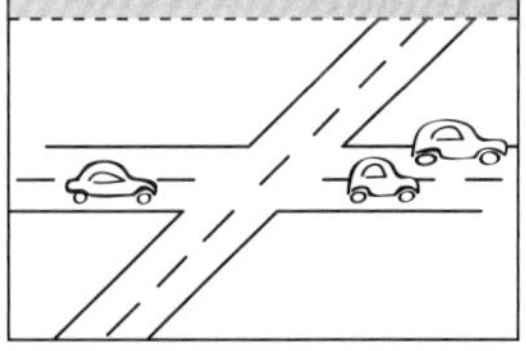

Klebe

Wie sieht es in deiner Heimat aus?
Gibt es dort Meere, Berge, Wüsten, Städte, Dörfer?

Klebe

Klebe

Klebe

Beispiel für ein fertiges Lapbook 1

Hier sehen Sie eine mögliche Aufteilung für das Lapbook.

Für unsichere Schüler kann es hilfreich sein, diese Aufteilung vorab zu besprechen.

Grundsätzlich sollten die Schüler aber selbstverständlich zu einer eigenen freien und kreativen Gestaltung motiviert werden.

Die Arbeit vorbereiten – das Deckblatt gestalten

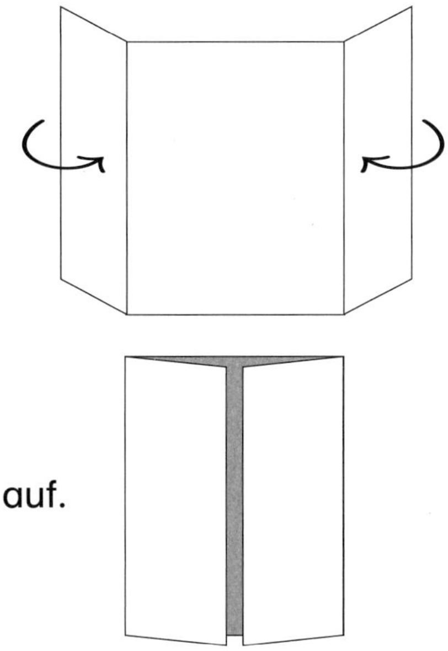

Nimm ein großes Plakat und falte es wie im Beispiel.

Gestalte nun das Deckblatt. Nutze dazu die Vorlagen.

Schreibe die graue Schrift nach.

Schreibe auf die Linie darunter deinen Namen.

Kennst du noch eine andere Schrift?

Dann schreibe deinen Namen auch in dieser Schrift auf.

Schneide die Vorlage aus. Klebe sie links oben auf das Deckblatt.

Dieses Lapbook gehört

____

____

An welche Dinge denkst du, wenn du an die Schule und ans Lernen denkst?

Lineal, Stift, Radiergummi, Basteln, Vokabeln lernen, Schreiben, Bücher ...

Wähle aus den Bildern auf der nächsten Vorlage einige aus.

Male sie aus. Schreibe auf die Linie, was es ist.

Schneide sie aus. Klebe sie auf das Deckblatt deines Lapbooks.

Vielleicht fallen dir noch andere Dinge ein?

Zeichne sie. Beschrifte sie.

Klebe sie auf dein Lapbook.

0 5 10 15 20 25 30 35

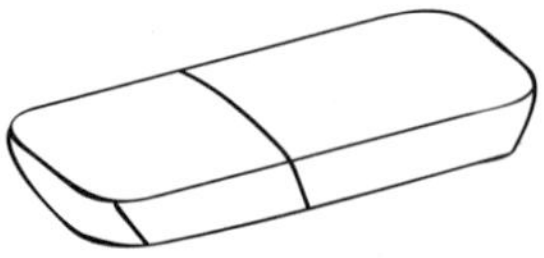

lapbook

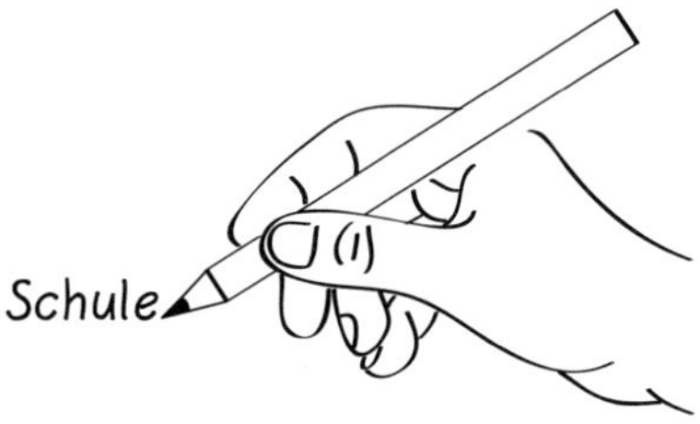
Schule

Meine alte Schule

Schneide die Vorlage aus. Schreibe in die Kästchen,

- wo du zur Schule gegangen bist und wie du dort hingekommen bist,
- wie lange du dort zur Schule gegangen bist,
- welche Fächer du hattest und was dein Lieblingsfach war,
- wie viele Schüler ihr in der Klasse wart,
- welche Lehrer du hattest und welcher dein Lieblingslehrer war,
- wie ein typischer Tag in deiner alten Schule aussah und wie dein Klassenraum war.

Die **Wörter** und **Sätze** helfen dir dabei.

Knicke die Vorlage bei den Pfeilen ↺. Klebe das Schulhaus in dein Lapbook.

Wörter	Sätze
die Schule die Klasse das Klassenzimmer der Lehrer – die Lehrerin gehen – gegangen der Unterricht	Meine Schule war in … . Ich bin in … zur Schule gegangen.
zu Fuß mit dem Bus / Auto / Fahrrad	Ich bin … zur Schule gekommen.
ein, zwei, drei, vier, fünf, sechs, sieben, acht	Ich bin … Jahre dort zur Schule gegangen.
das Fach – die Fächer, das Lieblingsfach Mathematik Englisch, Spanisch, Französisch, Russisch … Musik, Kunst Biologie, Chemie, Physik Geschichte	Ich hatte die Fächer … . Mein Lieblingsfach war … .
10, 11, 12, 13, 14, 15, 16, 17, 18, 19, 20, 21, 22, 23, 24, 25, 26, 27, 28, 29, 30 …	In meiner Klasse sind wir … Kinder gewesen.
Frau … Herr …	Meine Lehrer waren … . Mein Lieblingslehrer war … .
7:00, 7:45, 8:15	Die Schule fing um … Uhr an. Wir hatten … Stunden Unterricht am Tag. Schulschluss war um … Uhr.
(keinen) Unterricht, Sport, Kurse, Nachhilfe, frei	Wir hatten nachmittags … .
groß, klein, schön, dunkel, hell	Unser Klassenraum war … .
die Tafel, der Tisch – die Tische, der Stuhl – die Stühle, das Pult, das Fenster – ein Fenster – zwei Fenster, die Tür, der Boden	In unserem Klassenraum gab es … .

Klebe
Klebe

Meine neue Schule

- Schneide die Vorlage aus.
- Klebe ein Foto von der Schule, in die du jetzt gehst, auf die Vorlage.
- Oder: Zeichne deine Schule.
- Klebe die Vorlage mit den Laschen in dein Lapbook. Eine Tasche entsteht.

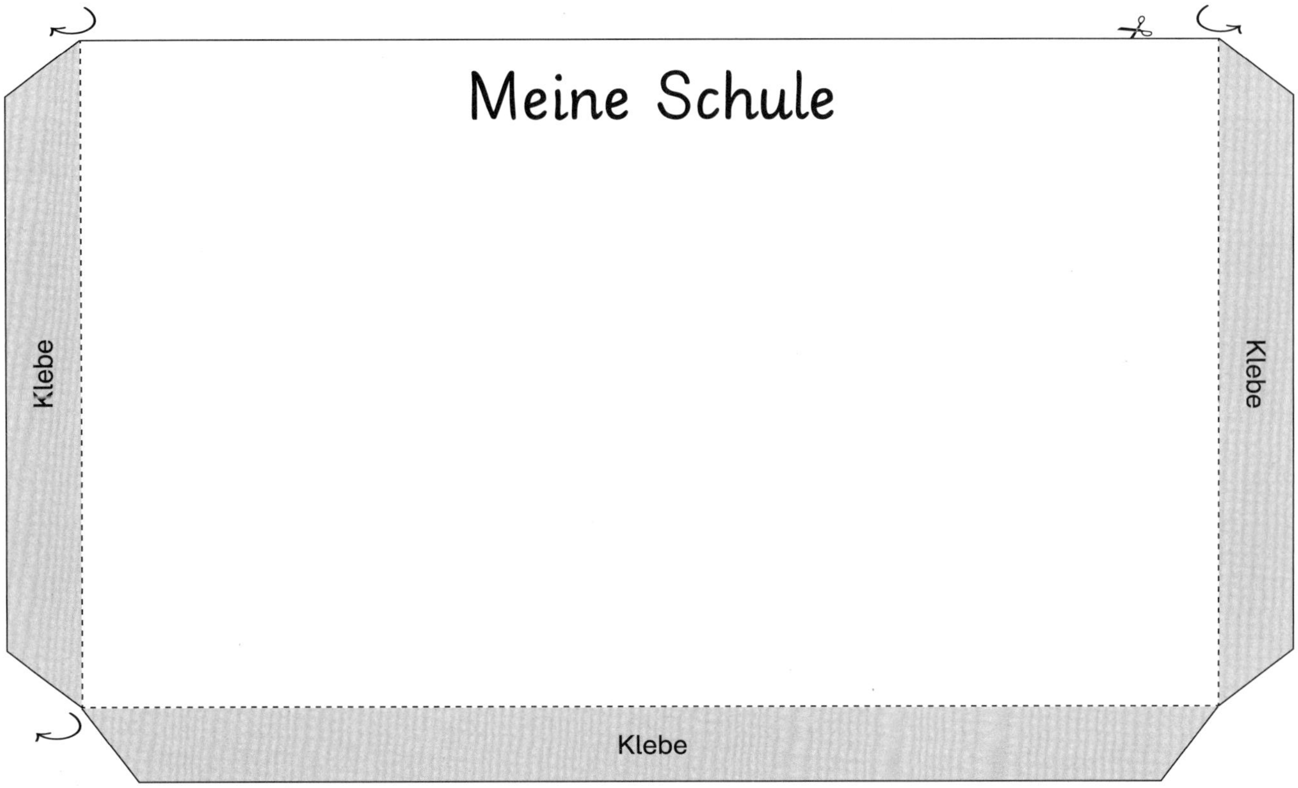

- Fülle die Lücken auf den Satzstreifen aus.
- Schneide die Satzstreifen aus und stecke sie in die Tasche in deinem Lapbook.

Meine Schule heißt ______________________________ .
In meine Schule gehen ______ Schülerinnen und Schüler.
Meine Klasse ist im ______ Stock.
Mein Klassenlehrer heißt __________________________ .
Unser Hausmeister heißt __________________________ .

Sammle Fotos deiner Freunde, deiner Lehrer, des Schulleiters, des Hausmeisters, der Sekretärin.

Schneide Schulhäuschen aus.

Klebe die Rückseite in dein Lapbook.

Klebe dann die beiden Dächer zusammen.

So kannst du die Häuser nach oben aufklappen.

Klebe innen das Foto einer Person ein.

Schreibe außen den Namen der Person auf.

Male die Häuschen aus.

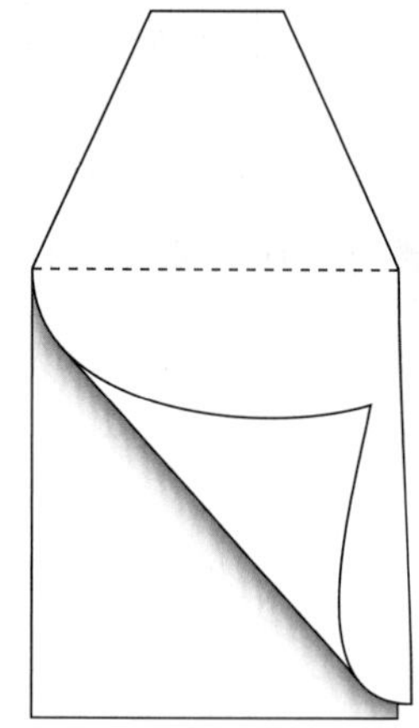

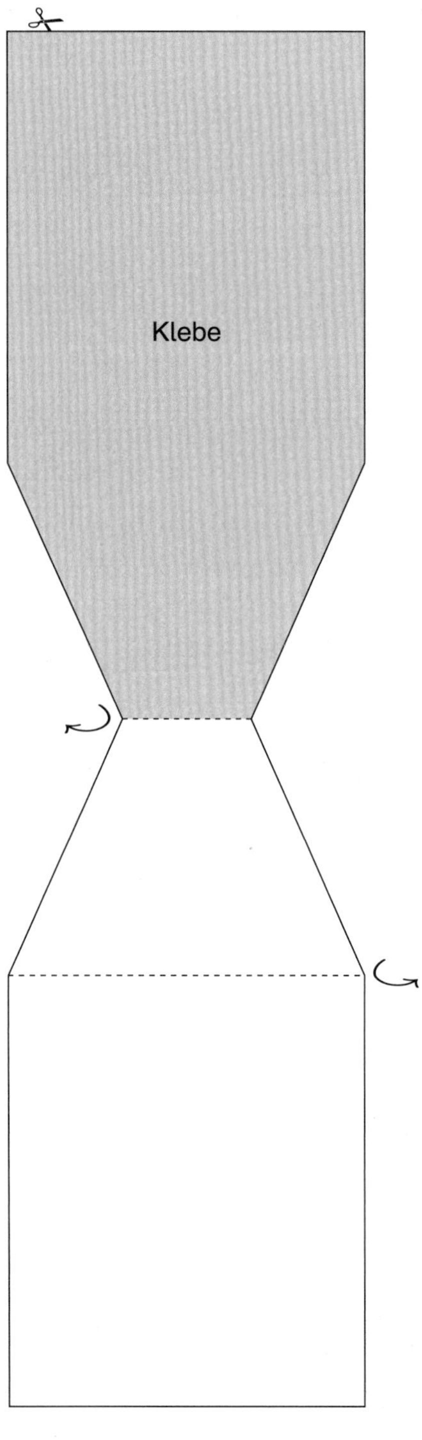

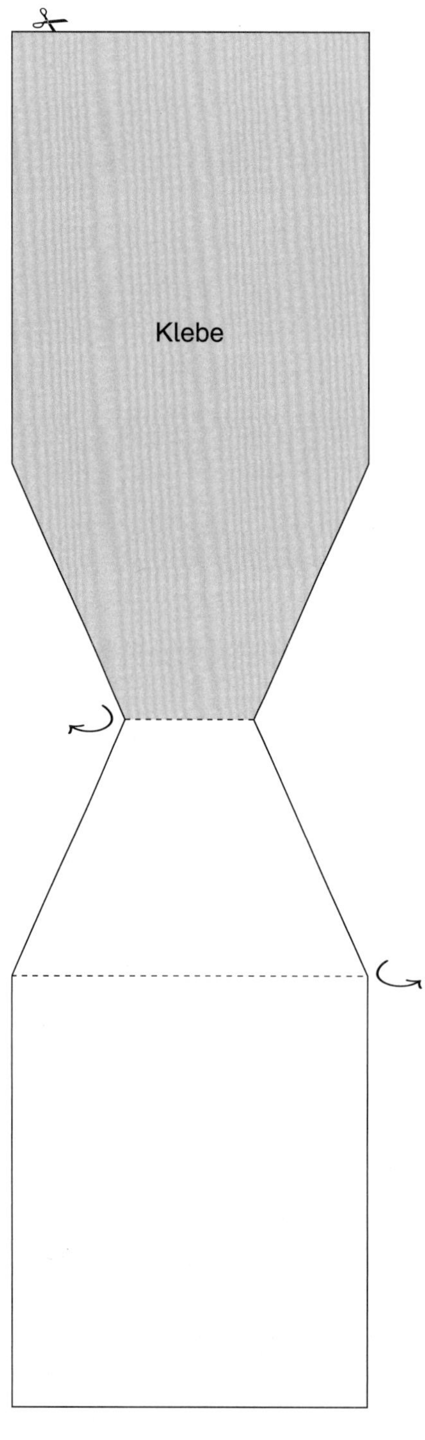

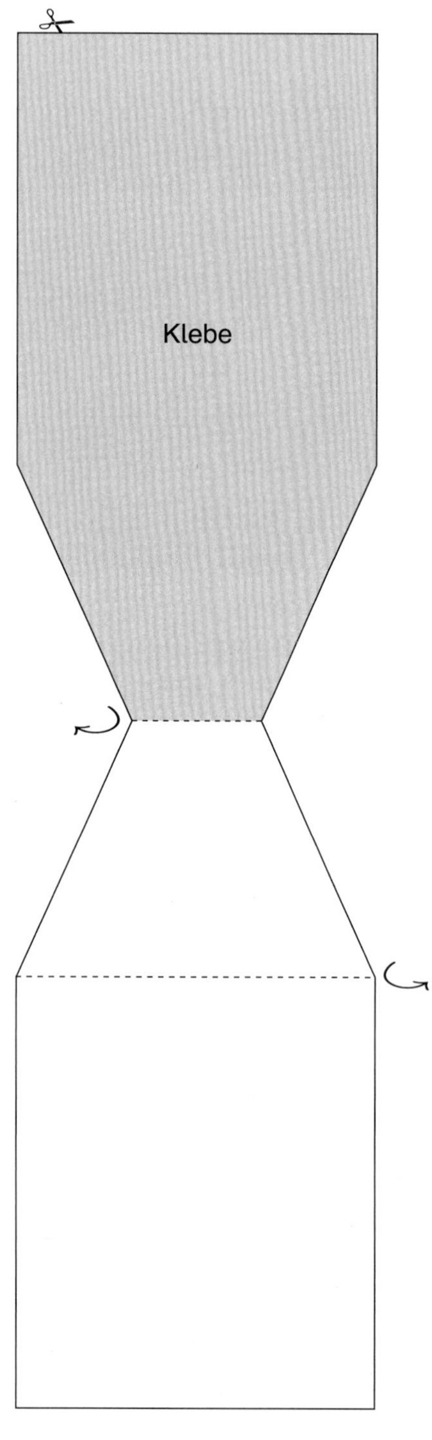

Mein Stundenplan

Wann hast du Schule? Welche Fächer hast du? Wann hast du diese Fächer?
Fülle den Stundenplan aus. Trage die **Tage** und die **Zeiten** ein.
Schneide die Vorlage aus. Klebe sie in dein Lapbook.

Mein Stundenplan					
Zeit / Tage	Montag				

Tage und Zeiten

der Tag – die Tage 1 Woche = 7 Tage

Wochentage: Montag, Dienstag, Mittwoch, Donnerstag, Freitag, Samstag, Sonntag

die Zeit – die Uhrzeit
8 Uhr = 8:00 Uhr
1 Stunde = 60 Minuten 1 Minute = 60 Sekunden
1 Tag = 24 Stunden

der Morgen – morgens = 5 Uhr bis 10 Uhr
der Vormittag – vormittags = 10 Uhr bis 12 Uhr
der Mittag – mittags = 12 Uhr bis 14 Uhr
der Nachmittag – nachmittags = 14 Uhr bis 18 Uhr
der Abend – abends = 18 Uhr bis 23 Uhr
die Nacht – nachts = 23 Uhr bis 5 Uhr

Fächer

Mathematik

Physik

Chemie

Sport

Musik

Kunst

Sprachen: Deutsch, Englisch, Spanisch, Russisch, Arabisch …

Schneide die Kärtchen mit den Fächern aus.
Klebe sie an die richtige Stelle in deinen Stundenplan.

Deutsch	Deutsch	Mathematik	Mathematik	Englisch	Sport
Deutsch	Deutsch	Mathematik	Mathematik	Englisch	Sport
Deutsch	Deutsch	Mathematik	Chemie	Musik	
Physik	Kunst	Biologie	Chemie	Musik	
Physik	Kunst	Biologie			

Das habe ich schon gelernt – das kann ich schon – das möchte ich noch lernen

- Schneide so viele Jahre aus, wie du alt bist.
- Schneide auch die Pfeilspitze aus.
- Schreibe die graue Schrift nach.
  Knicke die Vorlagen in der Mitte ↻.
- Klebe die Rückseiten der Reihe nach in dein Lapbook.
  Klappe die Vorderseite hoch.
- Schreibe in die Innenseite, was du in dem Jahr jeweils gelernt hast.
  Die **Sätze** helfen dir dabei.
- Klebe zum Schluss die Spitze an das Ende.
- Schreibe darauf, wie alt du gerade bist und was du noch lernen möchtest.

Sätze
Ich bin *in den Kindergarten / in die Schule* gekommen.
Ich habe die Schule gewechselt.
Ich habe *krabbeln / laufen / sprechen / lesen / rechnen* gelernt.
Ich *habe mein erstes Bild gemalt / habe das erste Mal gesungen / bin das erste Mal alleine zur Schule gegangen.*
Ich habe angefangen, *Deutsch / Englisch* zu lernen.
Ich habe angefangen, *Fußball zu spielen / Fahrrad zu fahren / schwimmen zu lernen / ein Instrument zu spielen.*
Ich habe *meinen ersten Brief / meinen ersten Test* geschrieben.
Ich habe *mein erstes Geld verdient / meinen ersten Arbeitstag gehabt.*
Jetzt bin ich … Jahre alt. Ich möchte gerne noch … lernen.

Klebe	Klebe	Klebe
Geburt	1 Jahr	2 Jahre

Klebe	Klebe	Klebe
3 Jahre	4 Jahre	5 Jahre

Klebe	Klebe	Klebe
6 Jahre	7 Jahre	8 Jahre

Klebe	Klebe	Klebe
9 Jahre	10 Jahre	11 Jahre

Klebe	Klebe	Klebe
12 Jahre	13 Jahre	14 Jahre

Klebe	Klebe	Klebe
15 Jahre	16 Jahre	17 Jahre

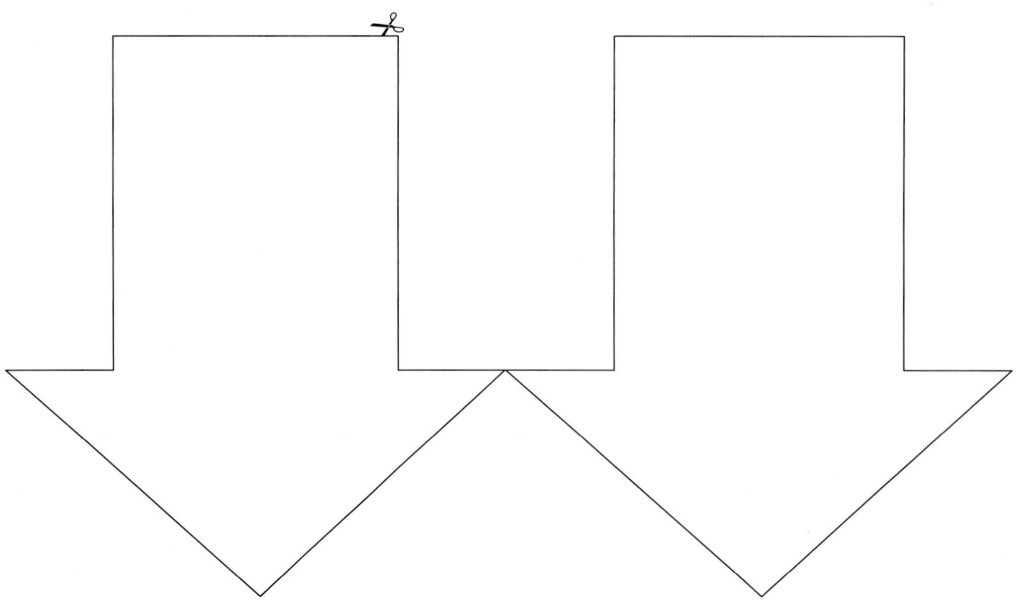

Nach der Schule

Nach der Schule hört das Lernen nicht auf. Nur so kann man später einen Job bekommen. Es gibt viele verschiedene Berufe, die alle wichtig für die Gesellschaft sind.

Schneide die Berufskärtchen aus. Schneide die Taschen aus.

Klebe die Taschen in dein Lapbook.

Schau dir nun die Berufskärtchen an. Sortiere die Berufe in die passende Tasche. Du kannst natürlich auch noch andere Berufe ergänzen.

der Postbote

der Zugbegleiter

der Automechaniker

Ein Handwerksberuf beschreibt eine Arbeit, die vorwiegend mit den eigenen Händen erledigt wird. Man stellt zum Beispiel etwas her oder baut etwas.

der Klempner

der Bankangestellte

der Friseur

der Pilot

der Polizist

der Lehrer

der Schneider

der Maler

 der Kindergärtner	 der Müllmann	 der Architekt	 der Maurer
 der Arzt	 der Elektriker	 der Journalist	 der Pfleger
 der Schreiner	 der Kraftfahrer	 der Bauingenieur	der ____________

Klebe

Handwerksberufe

Klebe

Klebe

Klebe

andere Berufe

Klebe

Klebe

Weißt du schon, welchen Beruf du gerne lernen möchtest?

Schreibe deinen Traumberuf oder einen der Berufe von den Kärtchen auf die Vorlage.

Male oder klebe das passende Kärtchen dazu in das Kästchen oben rechts.

Informiere dich, welchen **Schulabschluss** du für den Beruf brauchst und wo du arbeiten wirst (**Berufsorte**).

Schreibe auch das auf die Vorlage.

Schreibe zum Schluss auf, warum du gerne in diesem Beruf arbeiten möchtest.

Schneide die Vorlage aus. Klebe sie in dein Lapbook.

Mein Wunschberuf ist

____

____

Um ihn zu erlernen, brauche ich diesen Schulabschluss:

____

____

Ich arbeite dann im / in der / auf der / dem

____

Warum ich mir diesen Beruf aussuche:

____

____

____

____

____

____

____

____

____

Schulabschluss

der Abschluss – die Abschlüsse,
der Schulabschluss – die Schulabschlüsse:
Förderschulabschluss
Hauptschulabschluss
Mittlerer Schulabschluss – Realschulabschluss
Fachhochschulreife
Abitur

Berufsorte

Post, Zug, Bahnhof, Werkstatt, Klempnerei, Bank, Schreinerei, Salon, Polizeiwache / Polizeirevier, Schule, Schneiderei, Kaufhaus, Bekleidungsgeschäft, Baustelle, Kindergarten, Supermarkt, Geschäft, Krankenhaus, Praxis, Altenheim, Verlag, Büro, bei anderen Zuhause, überall, draußen

Sätze

Ich stelle mir die Arbeit als … spannend vor.
Ich arbeite gern mit … zusammen.
Ich möchte Menschen gerne helfen.
Mir bringt es Spaß, Dinge *zu bauen / zu reparieren / zu entwerfen.*

Beispiel für ein fertiges Lapbook 2

Hier sehen Sie eine mögliche Aufteilung für das Lapbook.

Für unsichere Schüler kann es hilfreich sein, diese Aufteilung vorab zu besprechen.

Grundsätzlich sollten die Schüler aber selbstverständlich zu einer eigenen freien und kreativen Gestaltung motiviert werden.

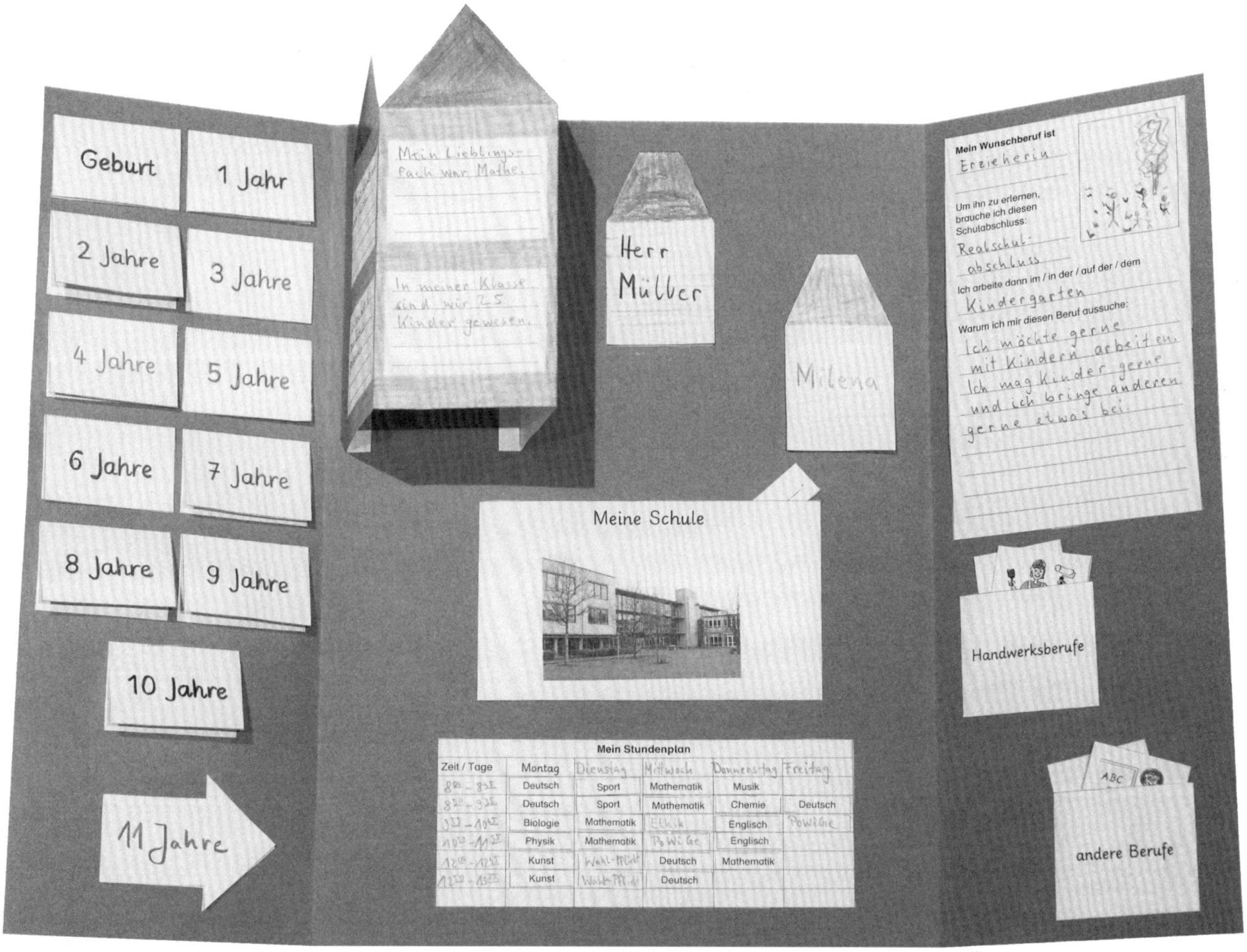

Die Arbeit vorbereiten – das Deckblatt gestalten

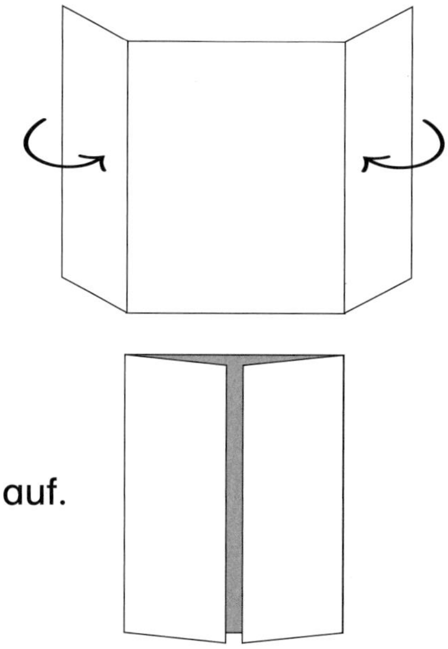

Nimm ein großes Plakat und falte es wie im Beispiel.

Gestalte nun das Deckblatt. Nutze dazu die Vorlagen.

Schreibe die graue Schrift nach.

Schreibe auf die Linie darunter deinen Namen.

Kennst du noch eine andere Schrift?

Dann schreibe deinen Namen auch in dieser Schrift auf.

Schneide die Vorlage aus. Klebe sie links oben auf das Deckblatt.

Dieses Lapbook gehört

____

____

Verziere dein Deckblatt mit Zeichnungen.

Male z. B. dein Hobby, deine Familie, deine Freunde.

Oder: Sammle Fotos von deinem Hobby, deiner Familie, deinen Freunden.

Schreibe unter die Zeichnungen oder Fotos, was darauf zu erkennen ist.

Schreibe in deiner Muttersprache und auf Deutsch.

Mein Familien-Lexikon

Lies die **Wörter**. Wie lauten die Wörter in deiner Sprache?

Schneide die Vorlagen aus.

Klebe in das große Kästchen ein Bild von einem Familienmitglied (Mutter, Bruder …) oder male ein Bild von ihm.

Schreibe in dem Kästchen darunter die Bezeichnung in deiner Muttersprache. Knicke die Vorlage ↻.

Schreibe auf das kleine Feld außen die deutsche Bezeichnung.

Klebe die Vorlagen in dein Lapbook.

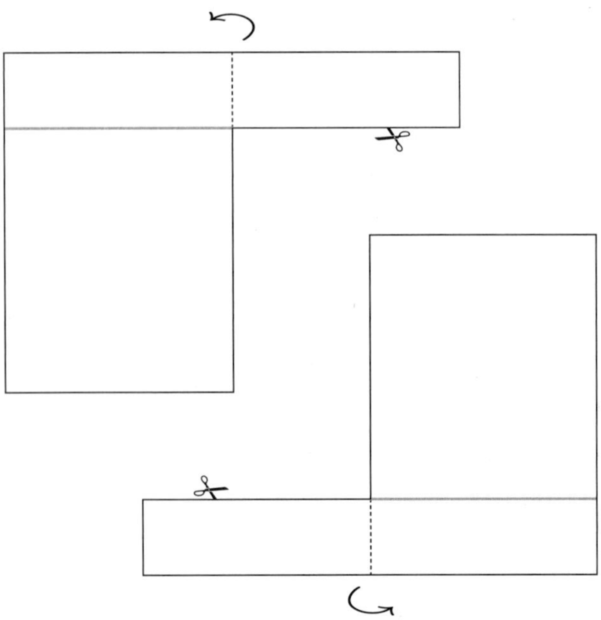

Wörter	
die Mutter – die Mama der Vater – der Papa	die Eltern
die Schwester, die Schwestern der Bruder, die Brüder	die Geschwister
die Großmutter – die Oma der Großvater – der Opa	die Großeltern
die Tante (die Tanten) der Onkel (die Onkel)	
die Cousine (die Cousinen) der Cousin (die Cousins)	

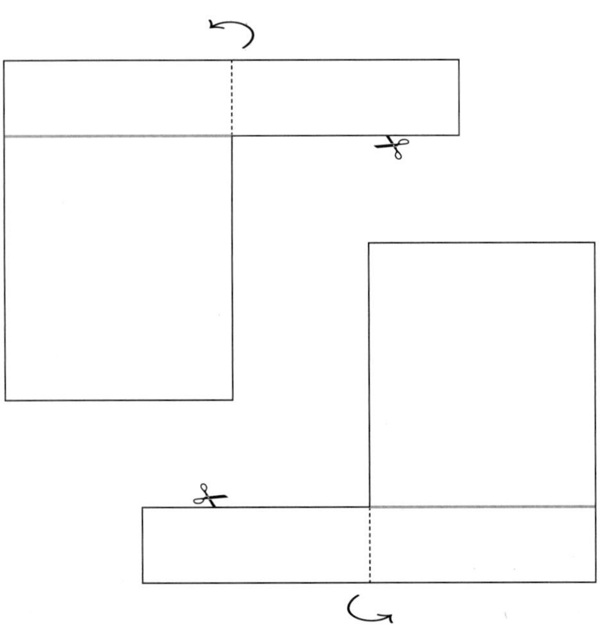

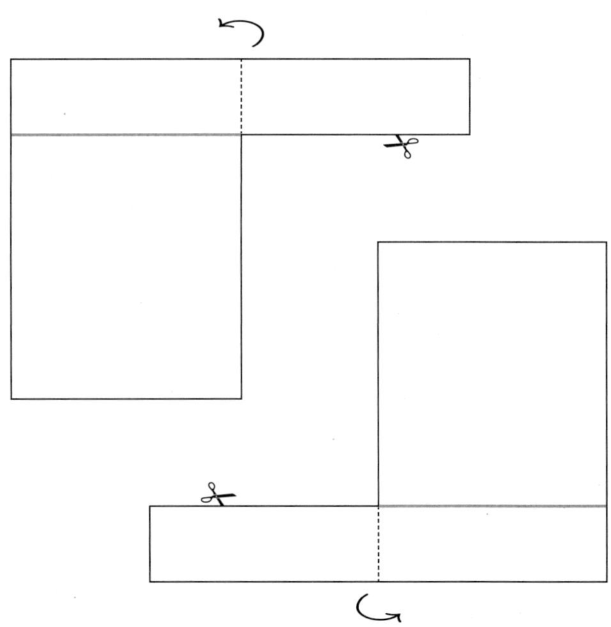

Meine Freunde-Kette

Bastle eine Freunde-Kette. Falte dazu die Vorlage an den Stellen mit dem Pfeil ↺.

Schneide dann um das Männchen herum. Falte die Männchen auseinander.

Schreibe in die Figuren Namen von Menschen (Familie oder Freunde), die dir wichtig sind.

Klebe die Kette von der einen zur anderen Seite in dein Lapbook.

Darum mag ich euch

Schneide passend zu deiner Freunde-Kette Herzen aus.

Schreibe vorne den Namen deines Freundes/Familienmitgliedes auf.

Schreibe auf die Rückseite, was du besonders an diesem Menschen magst.
Die **Wörter** und **Sätze** helfen dir dabei.

Schneide die Tasche aus. Klebe sie in dein Lapbook.
Stecke die Herzen in die Tasche.

Wörter und Sätze
der Freund – die Freunde die Freundin – die Freundinnen
(Name) ist meine beste Freundin, weil sie … ist.
(Name) ist mein bester Freund, weil er … ist.
Ich mag *(Name)*, weil sie / er … .
nett / freundlich / lustig / hilfsbereit / aufmerksam / immer für mich da

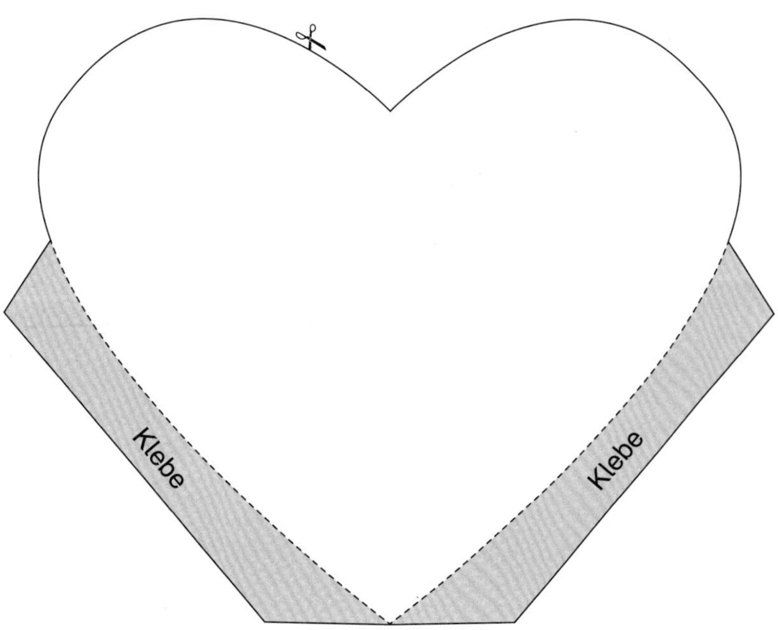

Meine Wünsche

Schneide so viele Schmetterlinge aus, wie du möchtest oder brauchst.

Knicke sie in der Mitte. Hefte sie zusammen.

Schreibe Wünsche auf die Flügel. Die **Wörter** und **Sätze** helfen dir dabei.

Male ein paar Flügel bunt aus.

Male den obersten Schmetterling komplett aus.

Klebe die Rückseite des unteren Schmetterlings in dein Lapbook.

Male dem Schmetterling Fühler.

Wörter und Sätze
Ich wünsche mir …
Ich träume davon …
Mein Wunsch / Traum ist es …
Glück – glücklich
Zufriedenheit – zufrieden
Ruhe / Spaß / Freunde / Familie / Sport

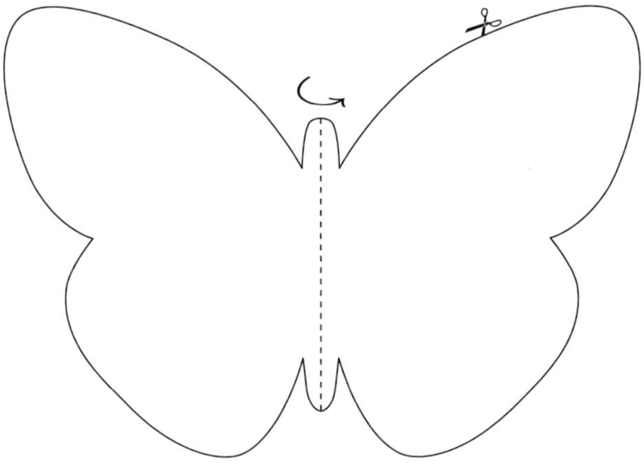

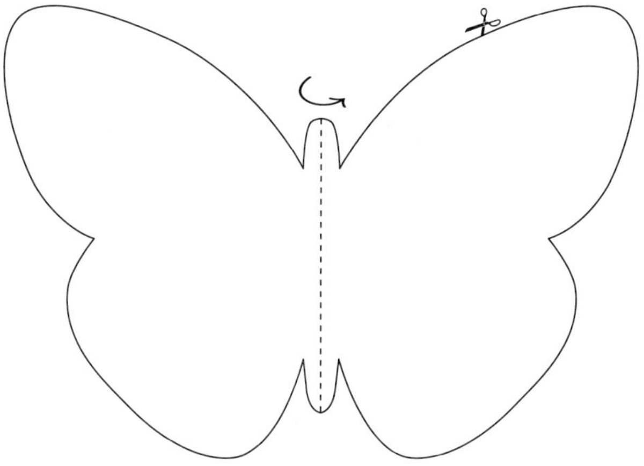

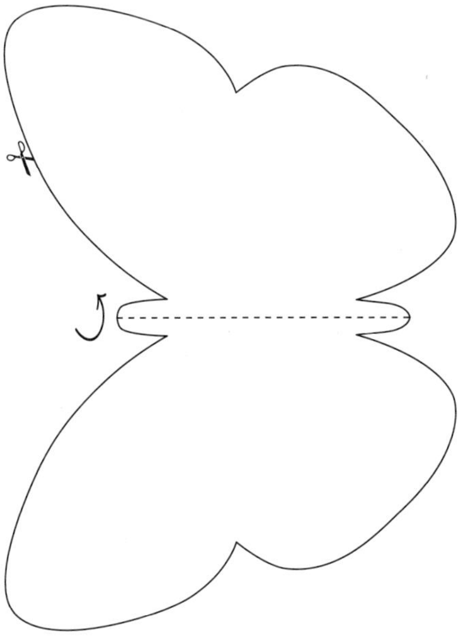

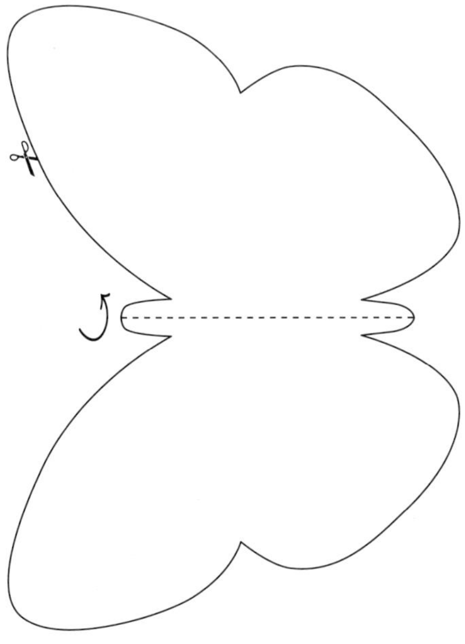

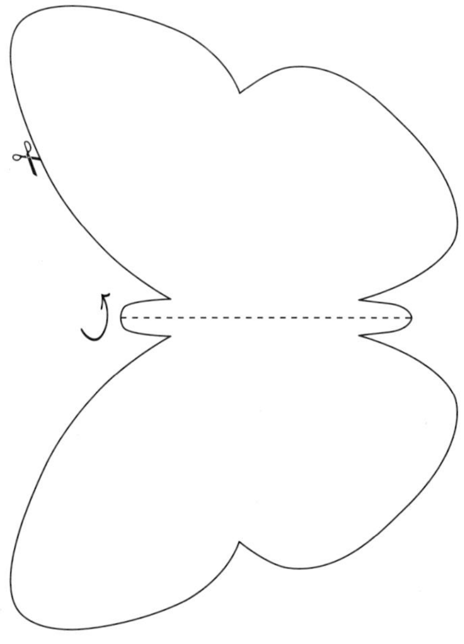

Meine Streit-Blume

So gern man seine Familie und seine Freunde hat, manchmal gibt es trotzdem Streit. Auch wenn man böse auf jemanden ist, ist es immer wichtig, respektvoll miteinander umzugehen.

Schreibe auf die Blütenblätter **Sätze** und **Wörter**, die man benutzen kann, um respektvoll bei einem Streit zu sein.

Schneide deine Blume aus. Knicke die Blütenblätter nach innen, sodass sich die Blume allein geschlossen hält.

Klebe die Blume mit der Mitte in dein Lapbook.

Wörter und Sätze
Entschuldigung. / Entschuldige bitte. / Es tut mir leid. / Bitte verzeih mir. Können wir bitte noch einmal darüber reden? Es gefällt mir nicht, dass du / wenn du … Du hast recht. Ich hätte das nicht sagen dürfen. Sag das das nächste Mal doch einfach freundlicher, dann fühle ich mich nicht so schlecht dabei. Erkläre mir bitte, wie ich dich verärgert habe. Beim nächsten Mal werde ich mir mehr Mühe geben.

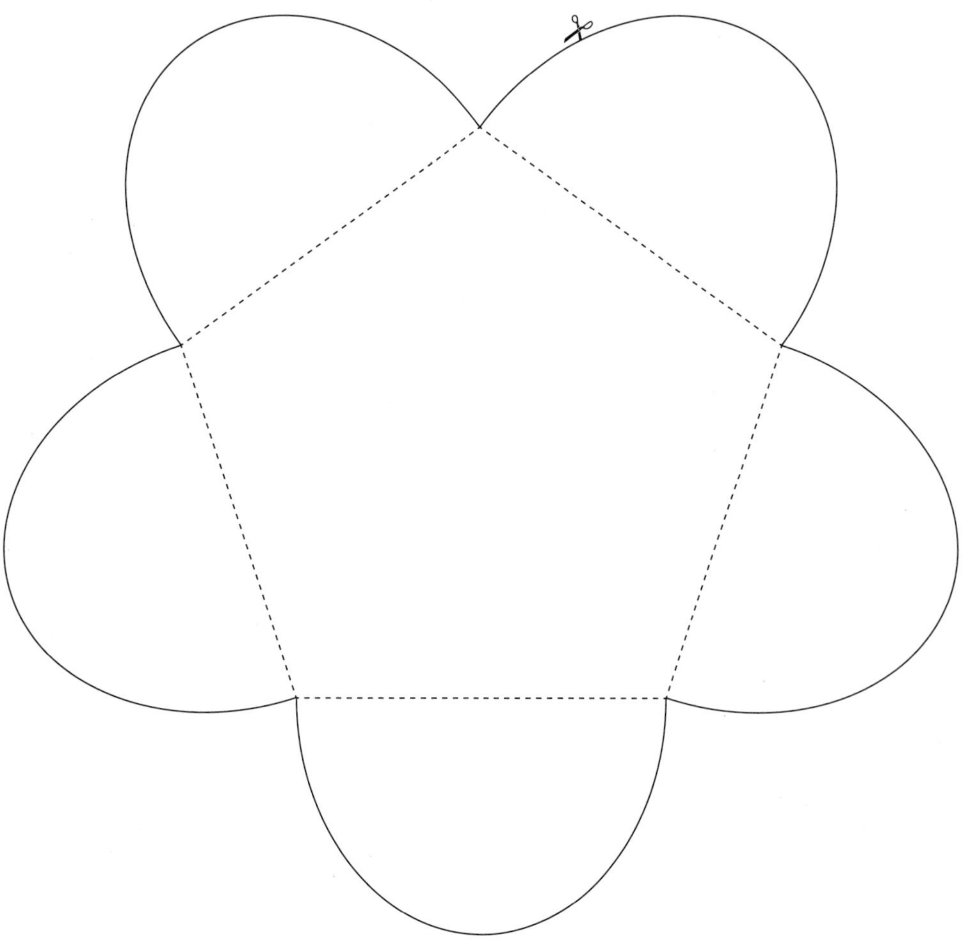

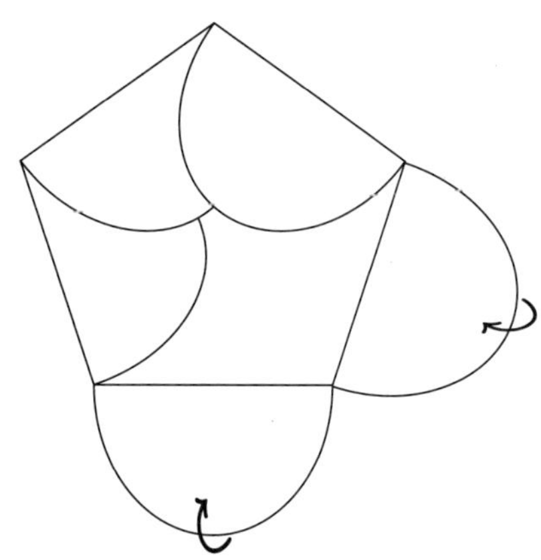

Meine Hobbys

Was machst du am liebsten in deiner Freizeit?
Auf den Kärtchen findest du viele Dinge, die du in deiner Freizeit tun kannst.

Markiere, was du gerne tust.

Hast du ein anderes Hobby? Schreibe es in ein leeres Kästchen.

Schneide die Kärtchen aus.

lesen	Fußball spielen	malen	singen	auf den Spielplatz gehen
Backgammon spielen	Kartenspiele spielen	Badminton spielen	am Computer spielen	Freunde treffen
Seil springen	ein Instrument spielen	mit der Familie zusammen sein	basteln	fernsehen
Musik hören	backen	kochen	turnen	Handball spielen
schwimmen	Ball spielen	faulenzen	Skateboard fahren	tanzen

Schneide auch diese Kärtchen aus.

Male Bilder zu deinen ergänzten Hobbys.

Bringe nun die Bilder und die Hobbys zusammen.

Stich dazu eine Musterklammer durch den Strich auf dem Kärtchen mit dem Bild und durch den Strich auf den Kärtchen mit dem Hobby. Biege die Flügel auseinander.

Klebe die Rückseite in dein Lapbook.

Das kann ich

Was kannst du besonders gut? Schneide so viele Vorlagen aus, wie du benötigst.

Notiere darin, was du besonders gut kannst. Klebe sie in dein Lapbook. Die **Sätze** und **Wörter** helfen dir dabei.

Sätze
Ich kann (besonders) gut … .
Ich bin (besonders) gut im … .
Am besten kann ich … .
Ich kann ganz toll … .
Ich kann prima … .
Ich bin ein(e) sehr gute(r) … .

Wörter
backen – Bäcker / Bäckerin, kochen – Koch / Köchin
Fahrrad fahren – Fahrradfahrer
Badminton spielen – Badmintonspieler
Fußball spielen – Fußballspieler
häkeln, stricken, Handarbeit, malen, Musik machen / musizieren, singen – Sänger / Sängerin
lesen, rechnen, schreiben
rennen, schwimmen

Das würde ich gerne besser können

Über welches Thema möchtest du gerne etwas lernen?
Was möchtest du üben?
Was willst du noch besser können als jetzt?

Schreibe in den Wolken auf, was du gerne besser können würdest.

Schneide die Wolken aus. Klebe sie in dein Lapbook.

Ich würde gerne besser

____

können.

Ich würde gerne mehr über

____

wissen.

Ich möchte gerne etwas über

____

lernen.

Das muss ich noch üben:

____

Informationen finden

Über was möchtest du gerne mehr wissen?
Das kann eine Sache sein, ein Land, ein Tier, ein Hobby, ein Ereignis, ein Sportklub, etwas, was passiert ist …

Suche Informationen dazu in der Schulbibliothek oder im Internet.
Besprich mit deinem Lehrer, wie du deine Informationen festhalten sollst, z. B. in einem Text, einem Steckbrief …

- Schneide die Vorlage aus. Knicke sie an den gestrichelten Linien ↻.
- Beschreibe die Seite ohne Linien mit deinen Informationen.
- Stich durch den Punkt auf der Klebefläche eine Musterklammer.
- Klebe das Blatt in dein Lapbook.
- Falte das Blatt zusammen und stich die Flügel der Musterklammer durch den anderen Punkt.
- Schreibe von außen auf, worüber man hier Informationen erhält.

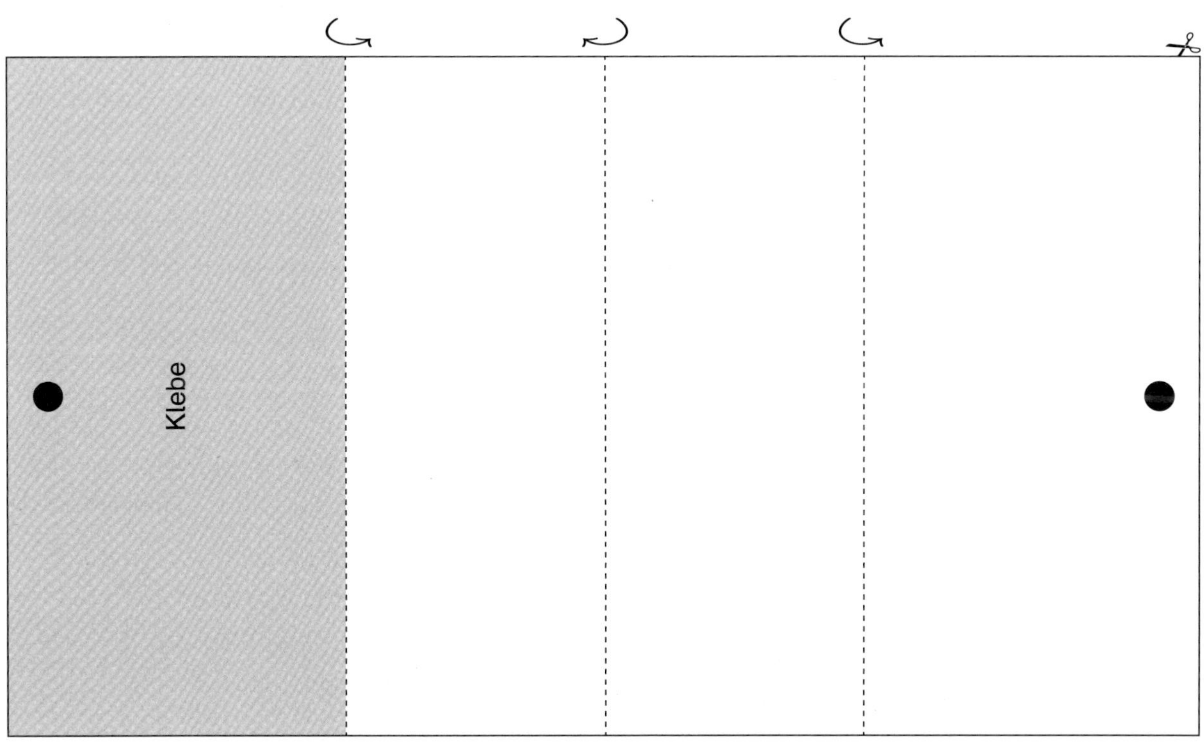

Meine Hobbys – deine Hobbys

Stellt euch eure Hobbys gegenseitig vor.
Tauscht euch aus, worüber ihr noch mehr erfahren möchtet.

Erstellt ein Diagramm.
Entscheidet euch für ein Lieblingshobby.
Zählt ab, wer welches Hobby hat.

Schreibt links auf die Linien die sechs beliebtesten Hobbys.

Zählt unten an der Skala ab, bis wohin euer Balken gehen muss.

Malt die entsprechenden Kästchen aus.

Schneidet das Diagramm aus und klebt es in euer Lapbook.

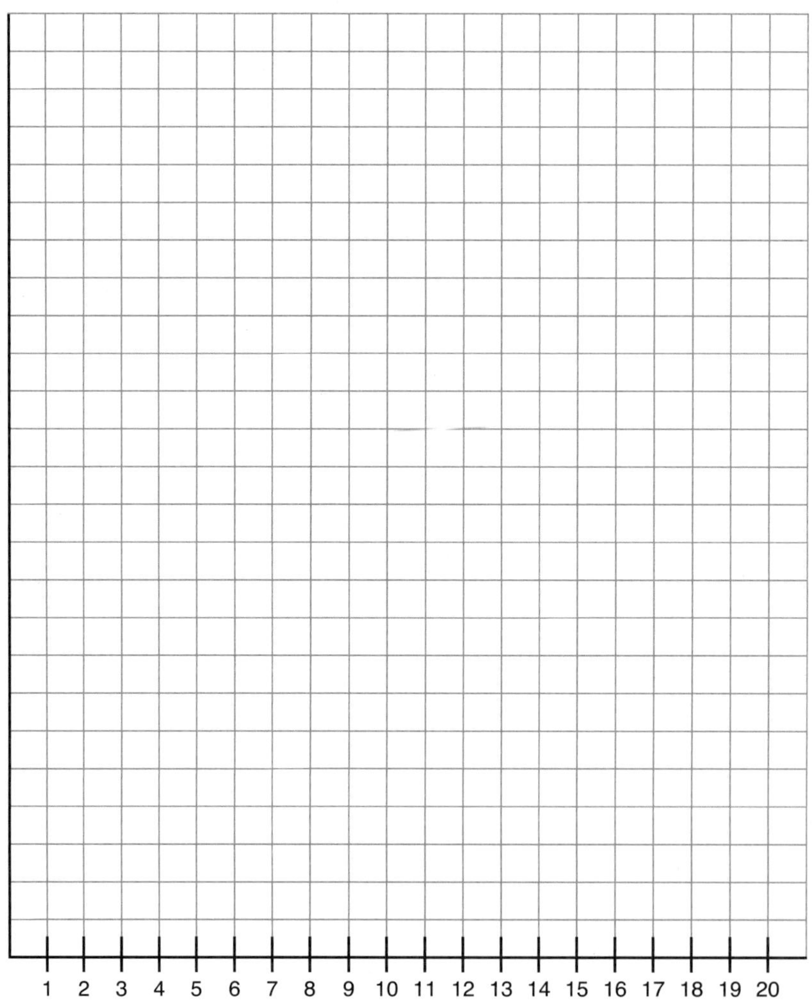

Beispiel für ein fertiges Lapbook 3

Hier sehen Sie eine mögliche Aufteilung für das Lapbook.

Für unsichere Schüler kann es hilfreich sein, diese Aufteilung vorab zu besprechen.

Grundsätzlich sollten die Schüler aber selbstverständlich zu einer eigenen freien und kreativen Gestaltung motiviert werden.

Die Arbeit vorbereiten – das Deckblatt gestalten

Nimm ein großes Plakat und falte es wie im Beispiel.

Gestalte nun das Deckblatt.
Nutze dazu die Vorlagen.

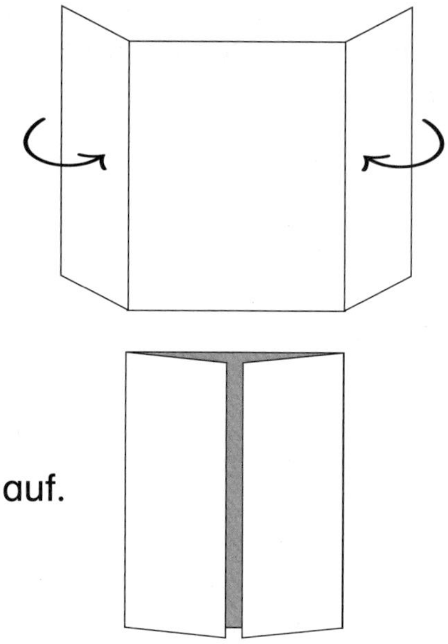

Schreibe die graue Schrift nach.

Schreibe auf die Linie darunter deinen Namen.

Kennst du noch eine andere Schrift?

Dann schreibe deinen Namen auch in dieser Schrift auf.

Schneide die Vorlage aus. Klebe sie links oben auf das Deckblatt.

Dieses Lapbook gehört

____

____

Beklebe dein Deckblatt mit Fotos von deinem neuen und deinem früheren Wohnort.

Oder: Male Bilder von den Wohnorten.
Zum Beispiel kannst du die Skyline, deinen Lieblingsort, dein Zuhause … malen.

Schreibe dazu, was zu sehen ist.

Mein Alltag früher und heute

Erstelle eine Zeittafel. Sie zeigt deinen Tagesablauf an.

Schneide den Zeitplan aus. Klebe ihn in dein Lapbook.
Erstelle eine Zeittafel für dein Leben in deinem Heimatland:

Schneide die einzelnen Kärtchen aus.

Klebe die Kärtchen so in die Zeittafel, wie es deinem Tagesablauf in deiner Heimat entsprochen hätte.

Tag/Zeit	Montag	Dienstag	Mittwoch	Donnerstag	Freitag	Samstag	Sonntag
05:00–06:00							
06:00–07:00							
07:00–08:00							
08:00–09:00							
09:00–10:00							
10:00–11:00							
11:00–12:00							
12:00–13:00							
13:00–14:00							
14:00–15:00							
15:00–16:00							
16:00–17:00							
17:00–18:00							
18:00–19:00							
19:00–20:00							
20:00–21:00							
21:00–22:00							

Schule	Hausaufgaben	Sport	Musik	Freunde	Essen	Hausarbeit
Schule	Hausaufgaben	Sport	Musik	Freunde	Essen	Hausarbeit
Schule	Hausaufgaben	Sport	Musik	Freunde	Essen	Hausarbeit
Schule	Hausaufgaben	Sport	Musik	Freunde	Essen	Hausarbeit
Schule	Hausaufgaben	Sport	Musik	Freunde	Essen	Hausarbeit
Schule	Hausaufgaben	Sport	Musik	Freunde	Essen	Hausarbeit
Schule	Hausaufgaben	Sport	Musik	Freunde	Essen	Hausarbeit
Schule	Hausaufgaben	Sport	Musik	Freunde	Essen	Hausarbeit
Nachhilfe	Arbeit	Zeit für mich	Beten	Üben / Lernen	Ausruhen	Schlafen
Nachhilfe	Arbeit	Zeit für mich	Beten	Üben / Lernen	Ausruhen	Schlafen
Beauty	Shopping	Gartenarbeit	Putzen	Aufräumen	Haustier	Familie
Beauty	Shopping	Gartenarbeit	Putzen	Aufräumen	Haustier	Familie
TV	PC-Spiele	Band	Malen	Schach	Tanzen	Kurs:
TV	PC-Spiele	Band	Malen	Schach	Tanzen	Kurs:

In die freien Felder kannst du noch eigene Einfälle/Aktivitäten reinschreiben.

Hat sich dein Tagesablauf geändert, seitdem du in Deutschland bist? Nutze die Kärtchen erneut.

Schneide passende Kärtchen aus. Klebe sie mit einem Klebestreifen so auf die Zeittafel, dass du sie nach oben oder zur Seite wegklappen kannst.

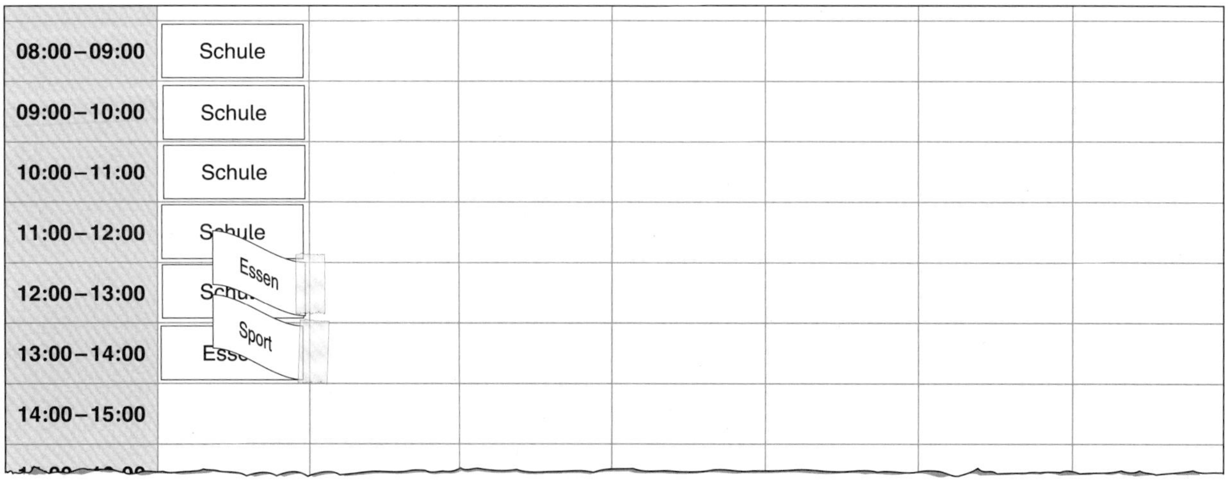

Mein neuer Wohnort

Zeichne das Haus oder die Straße, in der du lebst.
Oder nutze eine der Vorlagen.

Schreibe deine Adresse auf und beschrifte das Haus oder die Straße mit den Namen deiner Nachbarn.

Schneide die Vorlage aus. Klebe sie in dein Lapbook.
Finde heraus, wo du ungefähr in Deutschland wohnst.

Stich eine Musterklammer in die Stelle.
Befestige an der Musterklammer einen Bindfaden.

Klebe nun deine Nachbarschaftszeichnung in dein Lapbook.

Stich auch durch diese eine Musterklammer.
Befestige daran das andere Ende des Bindfadens.

Schneide die Vorlage aus.

Fülle den Steckbrief zu deinem neuen Wohnort aus.
Hilfe bekommst du im Internet oder von deinem Lehrer.

Finde ein schönes Foto von deinem neuen Wohnort.

Klebe es auf den Steckbrief.

Klebe die Vorlage in dein Lapbook. Stich eine Musterklammer hindurch und verbinde den Steckbrief mithilfe eines weiteren Bindfadens mit der Deutschland-Karte.

Mein Wohnort heißt:

____

______________________ liegt im Süden/

Norden/Osten/Westen/in der Mitte Deutschlands und ist eine Großstadt/eine Stadt/eine Kleinstadt/ein Dorf.

Hier leben ________________ Menschen.

Mein Wohnort ist für ________________

bekannt.

Ich finde es hier ________________

____

______________________________.

Foto

Landschaft und Wetter

Vor allem Landschaften und das Wetter sind in den Ländern der Erde sehr unterschiedlich.
Oft gibt es schon innerhalb eines Landes große Unterschiede.

Auch für dich wird in Deutschland einiges anders sein als in deinem Herkunftsland.

Schreibe in die Wolke was neu, anders, besonders an der **Landschaft** und dem **Wetter** ist.

Schreibe auch auf, was du aus deiner Heimat vermisst und was dort ganz anders ist.

Schneide die Wolke aus und klebe sie anschließend in dein Lapbook.

Landschaft
das Land – die Länder
Das Land ist flach / eben / hügelig / bergig / sumpfig.
Es gibt einen Fluss / ein Meer / Berge / einen See.
Die Natur ist grün / trist / braun / bunt.
Es gibt *viele / wenig* Bäume / Blumen / Felder / Plantagen / Koppeln / Felsen.
Es ist laut / leise.
Das Land ist eng bebaut / kaum bebaut.
Es gibt viel Asphalt / Straßen / Parks / Häuser.
Es gibt Fabriken / einen Hafen / alte Gebäude / neue Gebäude / Bauerhöfe / Bauern / Obsthöfe.
Es riecht nach Wiese / Abgasen / Dünger / Meer.
Man sieht viele Tiere / Vögel / Insekten / Katzen / Wildtiere.
Außerhalb der Stadt gibt es Felder / Vororte / Fabriken / die nächste Stadt.

Wetter
Das Wetter ist sonnig / regnerisch / warm / kalt / trocken / nass / bewölkt / stürmisch / durchwachsen / wechselhaft / sehr unterschiedlich.
Es gibt (keinen / keine) Regen / Schnee / Sonne / Hitze / Stürme / Sandstürme / Monsun / Gewitter.
Der Himmel ist blau / grau / grün / rot / gelb / lila / mit vielen Wolken / wolkenlos.
Die Temperaturen sind genau richtig / mir ist oft zu warm / zu kalt.
Das Wetter verändert sich oft / ist immer gleich / verändert sich entsprechend der Jahreszeiten.
Die Sonne scheint länger / kürzer. Es ist länger hell / dunkel.
Die Sonne steht sehr weit oben. Der Mond ist klein / groß.

Essen und Trinken

Jedes Land zeichnet sich durch bestimmte Gerichte aus. Oft haben sich Gerichte aus verschiedenen Ländern auch schon mit einheimischen vermischt. Man weiß manchmal gar nicht mehr, woher ein Gericht kommt.

Was sind typische Speisen aus deiner Heimat?
Was ist dein Lieblingsessen?
Was hast du hier zum ersten Mal gegessen?

Erstellt alle zusammen ein Rezeptbuch.
Jeder erfragt dafür zuhause das Rezept seines Lieblingsgerichtes aus dem Herkunftsland.
Findet dann ein Rezept für euer Lieblingsessen in Deutschland.

Schreibt die Gerichte auf die Vorlagen. Sammelt sie ein.

Verziert sie gemeinsam mit Zeichnungen oder Fotos.
Sortiert sie dann nach dem Abc. Lasst für jeden von euch ein Exemplar kopieren.

Gestaltet ein Deckblatt für euer Kochbuch.

Locht alle Blätter an den Markierungen.

Legt den Stapel dann auf euer Lapbook und stecht von hinten Musterklammern zur Befestigung durch die Löcher. Fertig ist euer Kochbuch!

Mein Lieblingsessen aus

Mein Lieblingsessen aus Deutschland

Mein Rezeptbuch

Was ist neu? Was ist anders? Was vermisse ich? Was finde ich toll?

Beantworte die folgenden Fragen. Schreibe auf die Vorlage:
Was ist **neu** für mich in Deutschland?
Was ist **anders** in Deutschland?
Was **vermisse** ich in Deutschland?
Was finde ich **toll** in Deutschland?

Schreibe zum Schluss in die Mitte, wie du es in Deutschland findest.

Schneide die Vorlage aus. Knicke sie zusammen.

Klebe sie in dein Lapbook.

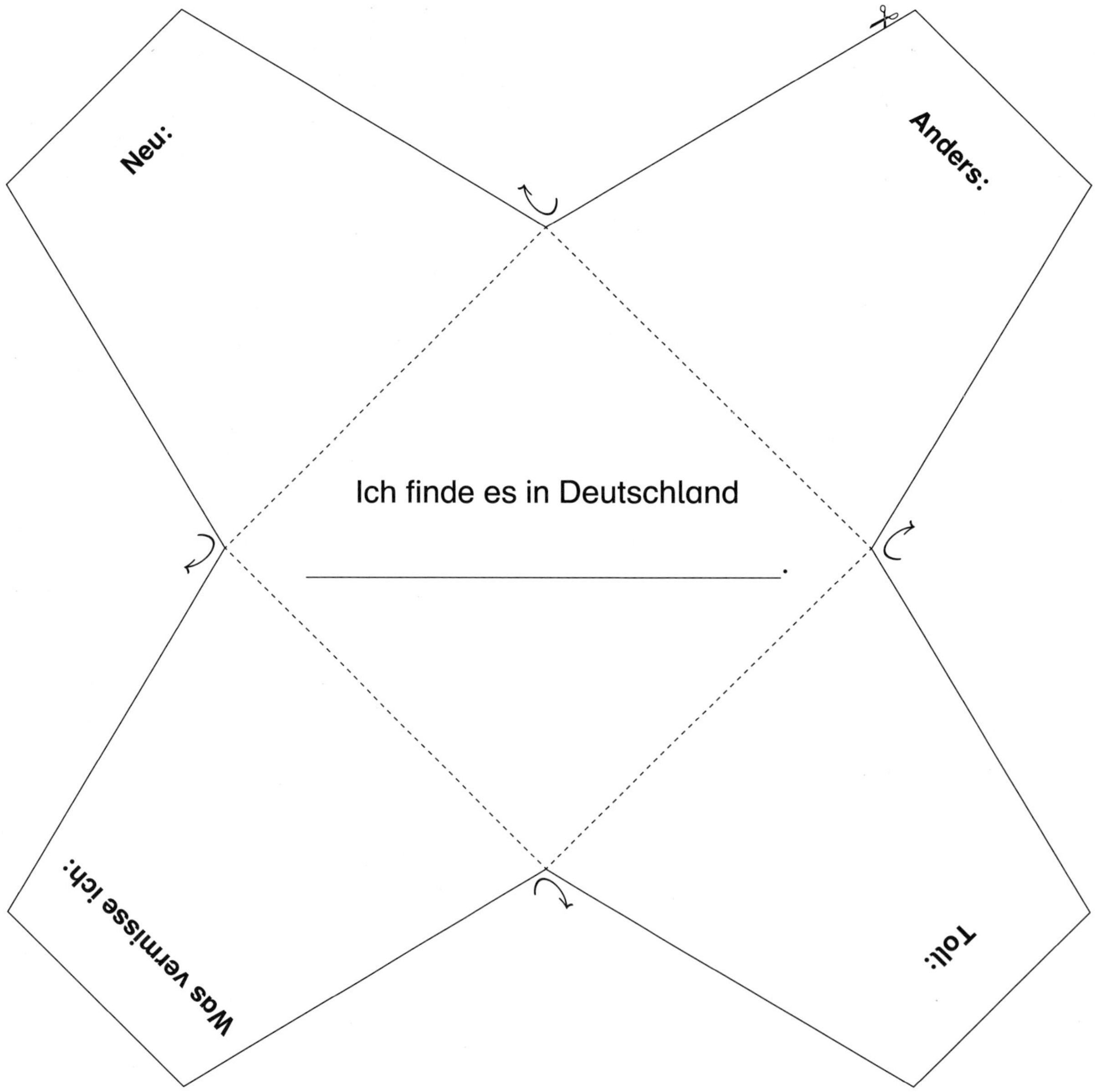

Beispiel für ein fertiges Lapbook 4

Hier sehen Sie eine mögliche Aufteilung für das Lapbook.

Für unsichere Schüler kann es hilfreich sein, diese Aufteilung vorab zu besprechen.

Grundsätzlich sollten die Schüler aber selbstverständlich zu einer eigenen freien und kreativen Gestaltung motiviert werden.

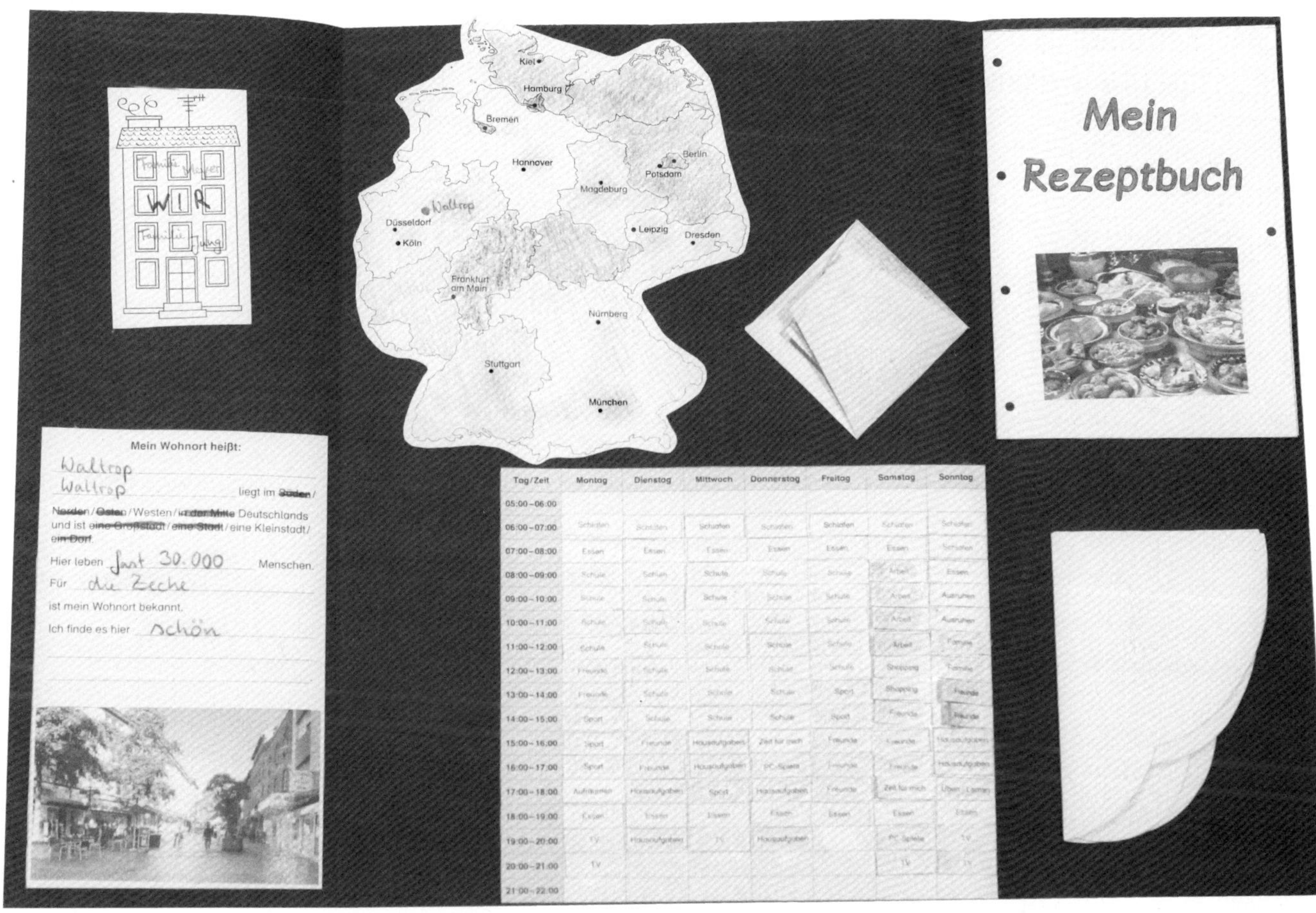

Die Arbeit vorbereiten – das Deckblatt gestalten

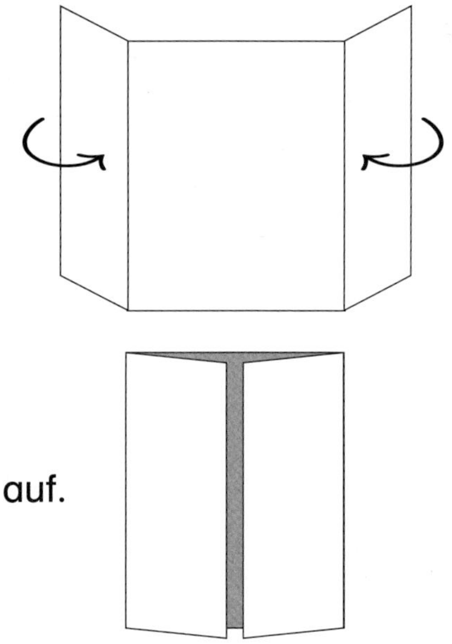

Nimm ein großes Plakat und falte es wie im Beispiel.

Gestalte nun das Deckblatt. Nutze dazu die Vorlagen.

Schreibe die graue Schrift nach.

Schreibe auf die Linie darunter deinen Namen.

Kennst du noch eine andere Schrift?

Dann schreibe deinen Namen auch in dieser Schrift auf.

Schneide die Vorlage aus. Klebe sie links oben auf das Deckblatt.

Dieses Lapbook gehört

____

____

Bestimmt gibt es in deiner Muttersprache einen Reim, ein Gedicht, eine Geschichte, ein Lied, den/das/die du besonders gern magst.

Schreibe den Text in deiner Muttersprache auf.

Übersetze den Text dann. Hol dir Hilfe, wenn du sie benötigst.

Schreibe die Übersetzung ebenfalls auf.

Klebe beide Texte auf das Deckblatt deines Lapbooks.

Was mir wichtig ist

Überlege dir vier Situationen, Dinge, Menschen, auf die du niemals verzichten möchtest.

Schreibe oder male in jedes Viertel eines.

Schneide beide Kreise aus.

Hefte den unbemalten Kreis dann mit einer Musterklammer über den bemalten Kreis.

Hefte beide Kreise zusammen mit der Musterklammer in dein Lapbook.

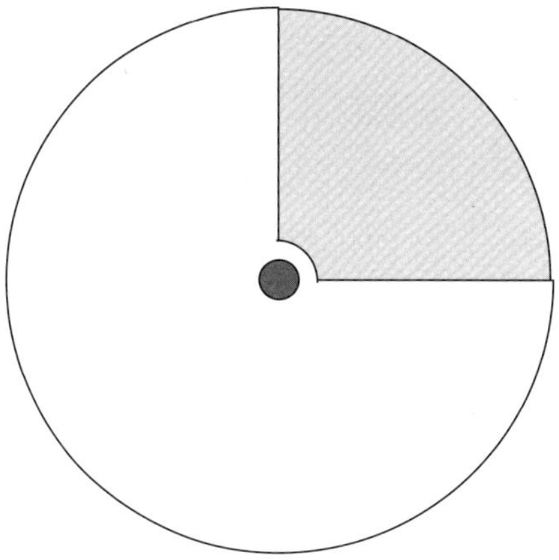

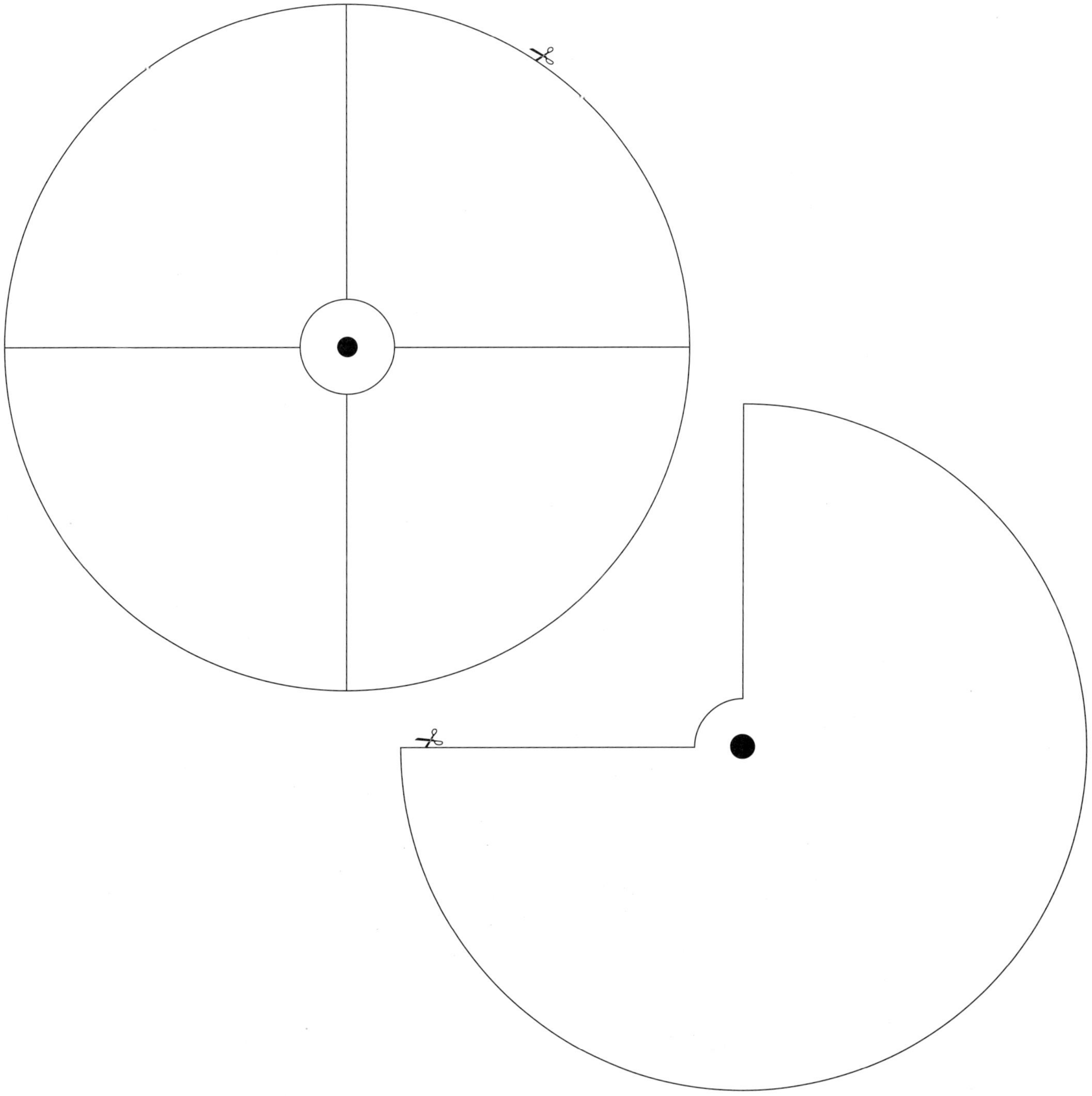

Auf was ich verzichten kann

Überlege dir vier Situationen, Dinge, Menschen, auf die du gut verzichten könntest.

Schreibe oder male in jedes Viertel eines.

Schneide beide Kreise aus.

Hefte den unbemalten Kreis dann mit einer Musterklammer über den bemalten Kreis.

Hefte beide Kreise zusammen mit der Musterklammer in dein Lapbook.

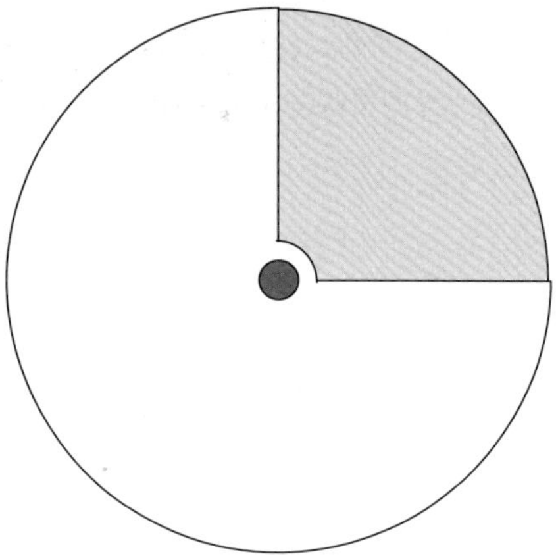

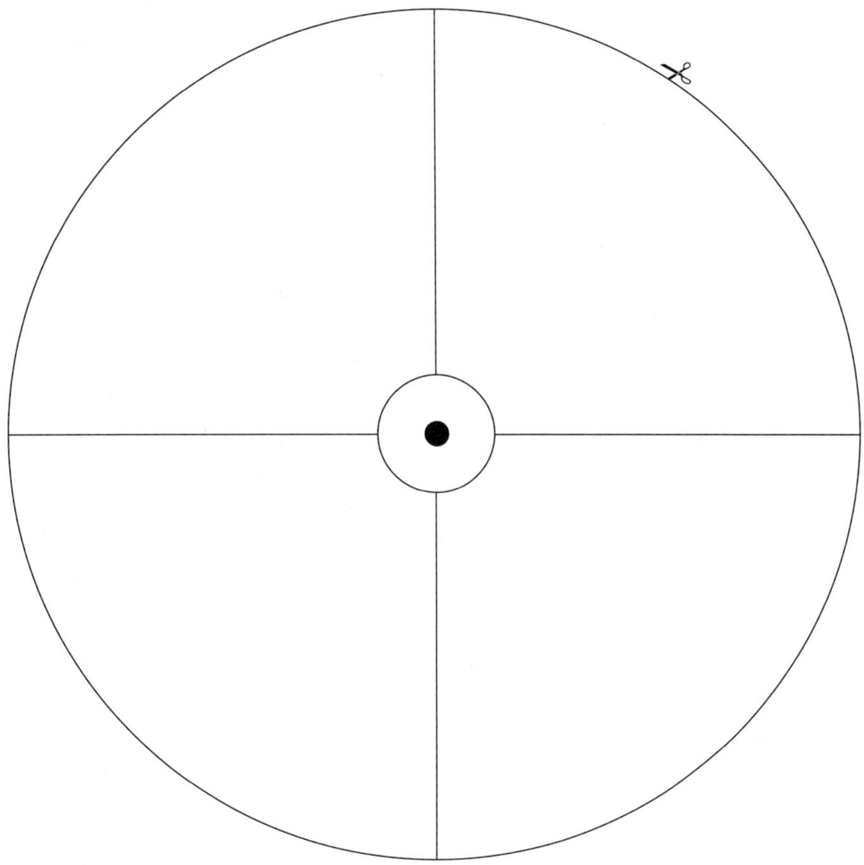

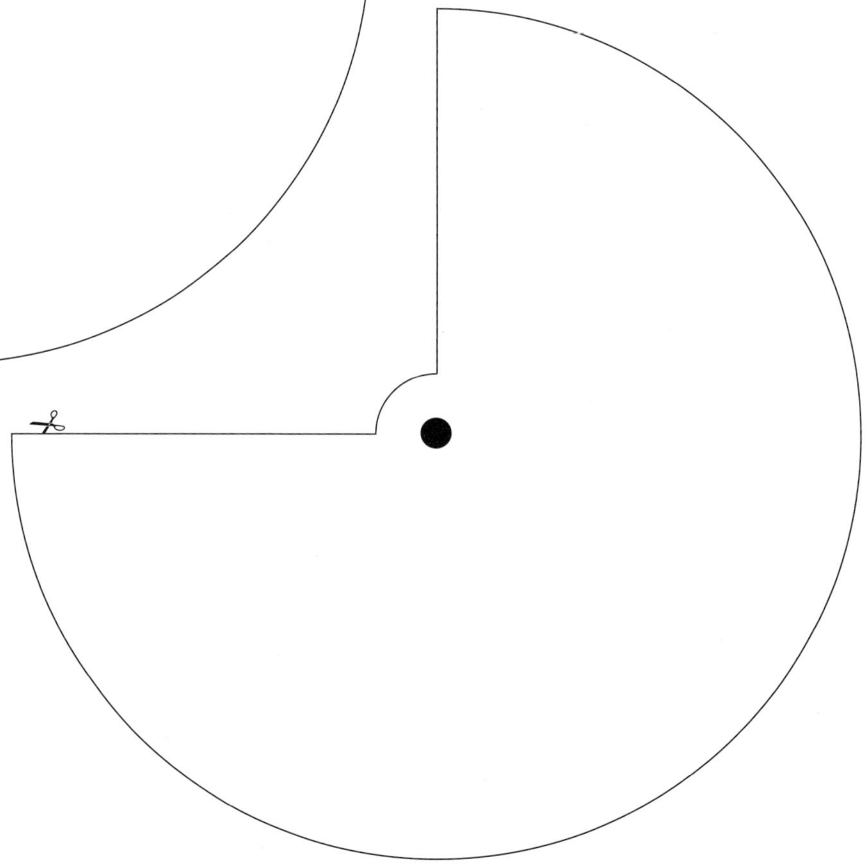

Meine Wünsche

Wovon träumst du?
Was möchtest du unbedingt erleben?
Was möchtest du unbedingt einmal im Leben haben?
Was möchtest du unbedingt einmal im Leben machen?

Schneide so viele Wolken aus, wie du benötigst.

Knicke sie an den zwei Linien.

Schreibe auf eine Hälfte einen Wunsch oder einen Traum.
Die **Wörter** und **Sätze** helfen dir dabei.

Klebe auf die andere Hälfte ein passendes Foto oder male ein Bild.

Klebe die Wolken dann so in dein Lapbook, dass sie nur in der Mitte kleben und links und rechts abstehen.

Sätze		
Ich wünsche mir …	Ich wünsche mir, dass …	Mein Traum ist, dass …
Ich träume von …	Ich träume davon, dass …	Mein Wunsch ist, dass …
Ich würde gerne …	Ich hätte gerne …	Ich möchte gerne …
Mir ist es wichtig, dass …	Mir würde es gefallen, wenn …	

Wörter

der Traum – die Träume   der Wunsch – die Wünsche
träumen – ich träume   wünschen – ich wünsche
Gesundheit / Zufriedenheit / gute Noten / Ausbildung / Studium / Beruf / genügend Geld / Reise / Haus / Wohnung / Auto
sorgenfrei / glücklich / zufrieden / frei
kaufen / reisen / leben / sein / studieren / verdienen
für mich / zusammen / alleine / eigenes
Familie (gründen)   Freunde   Tiere

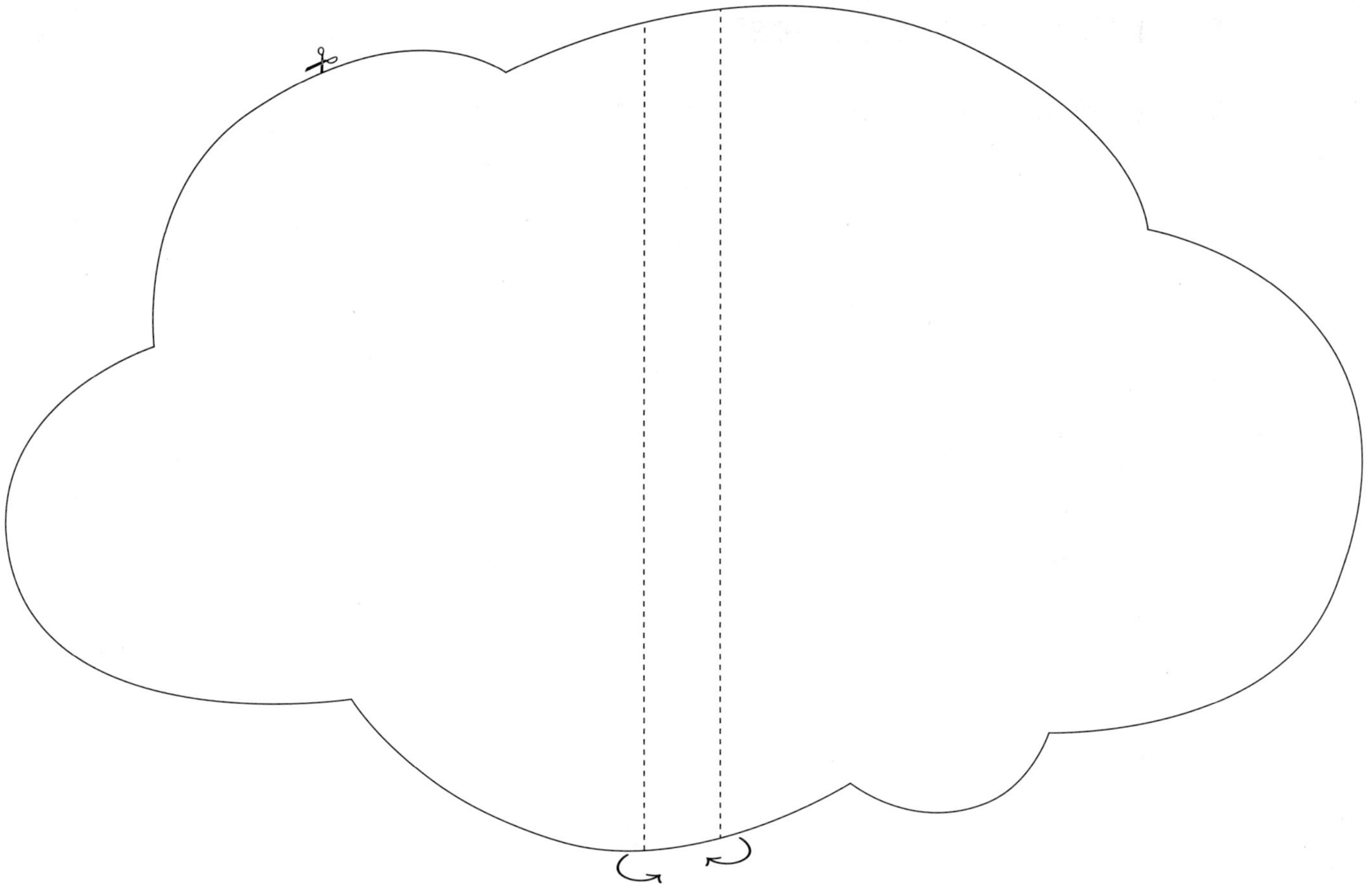

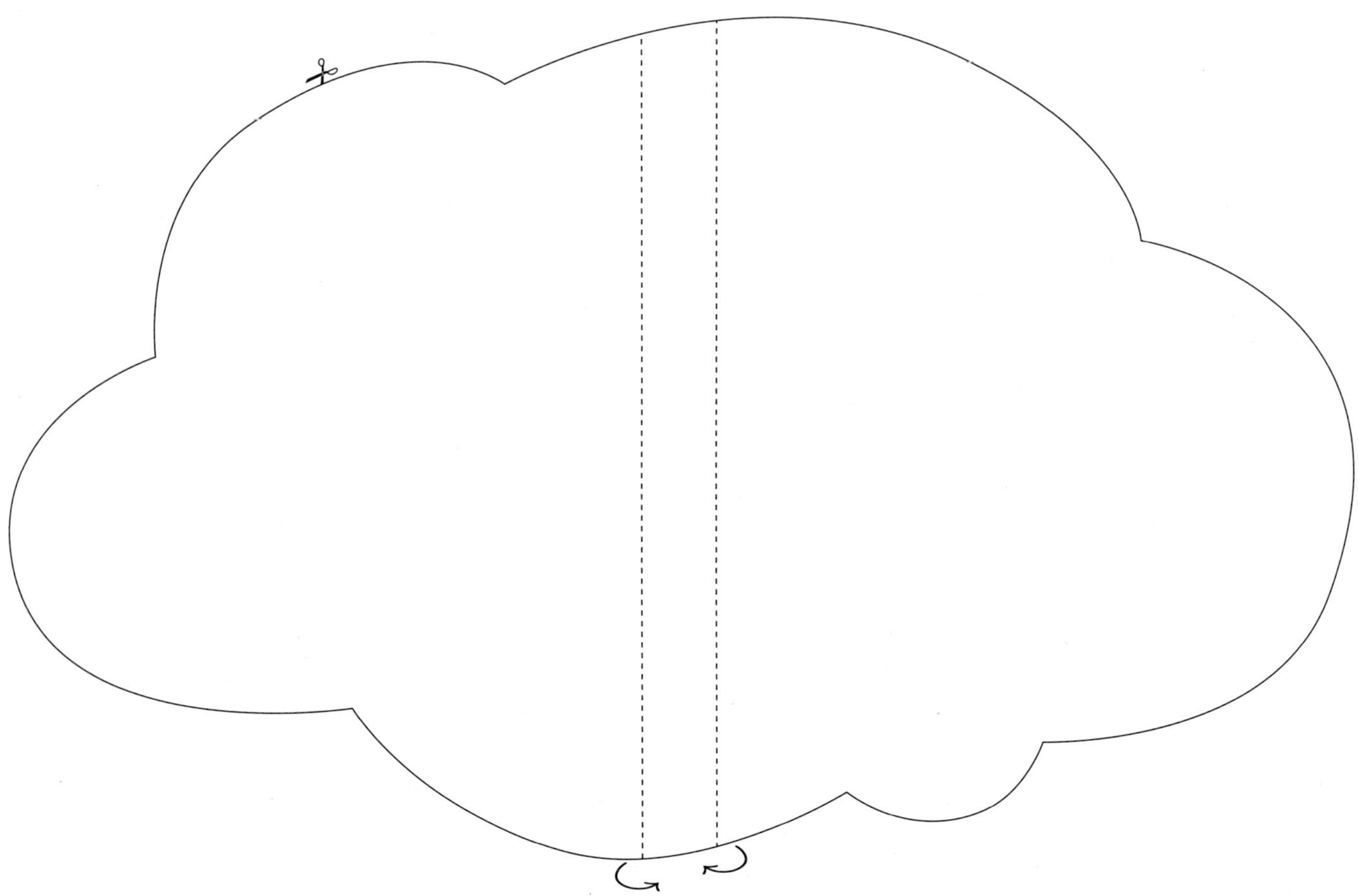

Mein Brief an mich selbst

Was wünschst du dir für die nächsten 10 Jahre?
Was möchtest du erreichen?
Was sind deine Ziele?
Welchen Schulabschluss möchtest du machen?
Welchen Beruf möchtest du lernen?
Und was willst du mit Freunden oder in der Familie erlebt haben?
Gibt es vielleicht auch etwas, wovor du Angst hast?

Schreibe einen Brief an dich selbst. Beantworte darin die Fragen.
Nutze dazu das Briefpapier.

Dieser Brief ist nur für dich!
Bastle daher einen Briefumschlag.

Schneide die Vorlage aus und knicke an den Pfeilen ↶.
Klebe ihn in dein Lapbook.

Stecke den Brief in den Umschlag und klebe den Umschlag zu.
Dann kann niemand deinen Brief lesen.

Wenn du möchtest, bemale deinen Umschlag von außen.

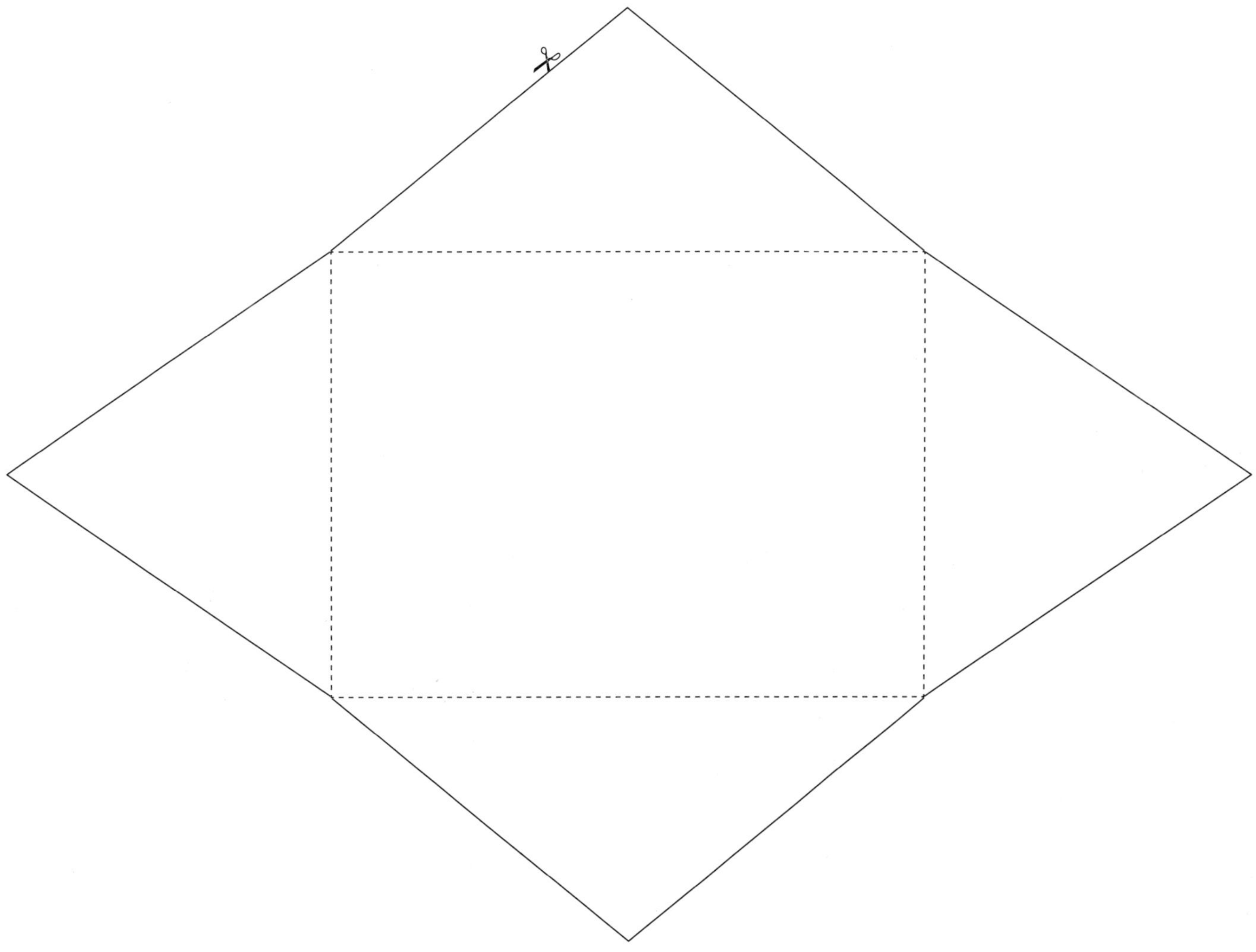

Beispiel für ein fertiges Lapbook 5

Hier sehen Sie eine mögliche Aufteilung für das Lapbook.

Für unsichere Schüler kann es hilfreich sein, diese Aufteilung vorab zu besprechen.

Grundsätzlich sollten die Schüler aber selbstverständlich zu einer eigenen freien und kreativen Gestaltung motiviert werden.